Gerda Pighin

Kindern Werte geben – aber wie?

Mit 8 Fotos

2., überarbeitete Auflage

Ernst Reinhardt Verlag München Basel

Gerda Pighin, Hamburg, Journalistin, Schwerpunkte: Entwicklung und Erziehung von Kindern, Psychologie, Gesundheit

Cover unter Verwendung eines Fotos der Familie Dagmar und Werner Schubert, Böblingen

Bibliografische Information der Deutschen Bibliothek

Die Deutsche Bibliothek verzeichnet diese Publikation
in der Deutschen Nationalbibliografie; detaillierte bibliografische Daten
sind im Internet über <http://dnb.ddb.de> abrufbar.
ISBN 3-497-01747-7
ISSN 0720-8707
2. Auflage

Printed in Germany
Reihenkonzeption Umschlag: Oliver Linke, Augsburg
Satz: Fotosatz Reinhard Amann, Aichstetten
Druck und Bindung: Friedrich Pustet, Regensburg

Ernst Reinhardt Verlag, Kemnatenstr. 46, D-80639 München
Net: www.reinhardt-verlag.de Mail: info@reinhardt-verlag.de

Inhalt

1 Welche Werte sind heute wichtig?

Vieles, was den eigenen Eltern und Großeltern am Herzen lag, hat heute ausgedient. Dennoch brauchen Kinder Orientierungspunkte, um in der Gemeinschaft mit anderen zurechtzukommen.

Alle Eltern wollen gute Kinder. Sie wollen, dass aus ihnen gute Erwachsene werden. Aber was heißt gut? Und vor allem, wie erzieht man Kinder dazu? Wie bringt man ihnen Werte bei? Und welche?

Eine Erziehung zu moralischem Verhalten war sicher niemals ganz einfach. Doch heute haben es Mütter und Väter besonders schwer. Schließlich leben wir in einer Zeit, in der sich die Werte in einem ständigen und sehr raschen Wandel befinden. Außerdem leben unterschiedliche Kulturen mit verschiedenen Wertesystemen bei uns nahe beieinander. Besonders in den Großstädten bekommen Kinder schon früh Kontakt zu anderen Weltanschauungen als denen der Eltern. Zudem ist in der Gesellschaft mittlerweile fast alles erlaubt, jeder darf nach seiner Fasson glücklich werden. Jeder hat Anspruch darauf, sein Leben so zu gestalten, wie es ihm gefällt, wenn es sich mit seiner Umwelt vereinbaren lässt.

Werte der Großeltern, die immerhin mehrere Jahrhunderte Bestand hatten, wurden schon in der Kinderzeit der heutigen Eltern immer weniger akzeptiert wie z. B. Disziplin, Gehorsam oder Pflichtbewusstsein. Diese „Tugenden" haben einen schalen Beigeschmack und ein negatives Image bekommen. Auch die Instanzen, die früher unangefochten für die Gültigkeit und Richtigkeit der allgemeinen Werteordnung zuständig waren – Kirche, Schule, staatliche Obrigkeit, Elternhaus –, haben in den

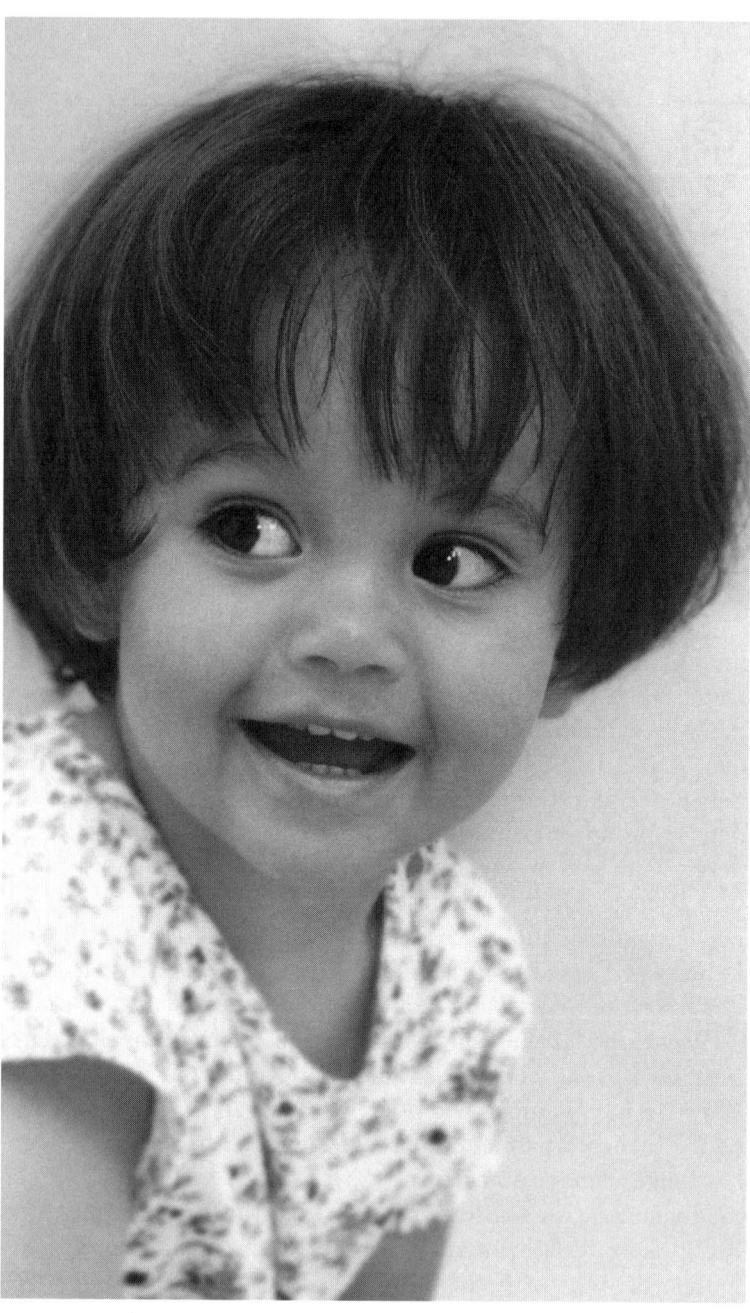

letzten Jahrzehnten an Glaubwürdigkeit verloren. Im Zeitalter der Globalisierung gibt sich unsere Gesellschaft in vieler Hinsicht pluralistisch und freier und manchmal auch toleranter als früher. Es gibt unterschiedliche Lebensweisen und sie werden weitgehend akzeptiert.

Traditionen helfen nur manchmal

Diese Freiheit ist zwar wunderbar, aber sie hat auch ihren Preis: Niemand kann sich mehr an eindeutigen Regeln und Werten orientieren. Jeder muss bis zu einem gewissen Grad für sich selbst entscheiden, was er für gut und was er für böse hält, was für ihn erstrebenswert und was abzulehnen ist.

Eltern können nur noch bedingt auf Traditionen zurückgreifen. Sie müssen sich Gedanken darüber machen, welche Werte sie ihren Kindern vermitteln wollen, was sie von dem, das ihre eigenen Eltern ihnen mitgegeben haben, an sie weitergeben möchten. Die Schwerpunkte können deshalb in jeder Familie unterschiedlich sein.

Trotz allem gibt es aber Grundwerte, die in unserer Kultur seit Jahrhunderten gültig sind, die sich im Laufe der Geschichte entwickelt, deren Wichtigkeit und Stellenwert sich jedoch immer wieder verschoben haben. Tapferkeit beispielsweise, Gerechtigkeit, Besonnenheit, Fleiß, Bescheidenheit, Dankbarkeit, Hilfsbereitschaft, Mitgefühl und Verantwortung.

Heute gewinnen gerade in der Erziehung viele „alte" Werte wieder an Gewicht. Das Institut für Demoskopie in Allensbach am Bodensee fragt seit vielen Jahren regelmäßig die aktuellen Erziehungsziele von Eltern ab und vergleicht sie mit denen älterer Umfragen. Der Vergleich wurde zwischen den Jahren 1992 und 2003 gemacht. Ganz oben auf der Liste der Dinge, die Eltern ihren Kindern mitgeben möchte stand und steht Höflichkeit und gutes Benehmen. Das wollten 1992 schon 73 %, 2003 waren es sogar 87 % der Eltern. Dass ihre Kinder einmal ordentlich und gewissenhaft arbeiten, hat ebenfalls 2003 an Bedeutung zugenommen (80 %). Toleranz gegenüber Andersden-

kenden ist Eltern heute wichtiger (79 %) als Durchsetzungskraft (73 %, 1992: 61 %). Auf den nächsten Rängen kommen
Sparsamkeit (1992: 59 %, 2003: 72 %), der Wunsch, den eigenen
Horizont ständig zu erweitern, sich die richtigen Freunde zu
suchen sowie eine gesunde Lebensweise.

Manche Tugenden müssen sein

Mütter und Väter wissen, wie wichtig es ist, ihren Kindern moralisches Verhalten beizubringen, ihnen Werte (oder Tugenden,
wie der altmodische Begriff dafür heißt) mit auf den Weg ins
Leben zu geben. Gleichzeitig wollen sie aber aus ihren Kindern
keine überangepassten Duckmäuser machen, wie die oben ge-
nannte Untersuchung zeigt, in der Durchsetzungskraft einen
hohen Stellenwert hat. Söhne und Töchter sollen sich zu selbstbewussten, fairen und kritikfähigen Menschen entwickeln. Sie
sollen sich einerseits in einer Ellenbogengesellschaft nicht unter-
kriegen lassen, andererseits rücksichtsvoll und einfühlsam sein
und andere Menschen achten. Sie sollen ihren Platz in einer immer schwieriger werdenden Berufswelt finden, aber auf ihrem
Karriereweg nicht „über Leichen gehen". Sie sollen sich mit anderen Meinungen auseinander setzen können, sich dabei aber
nicht selbst aufgeben. Sie sollen lernen, selbstständig zu handeln, die Bedürfnisse anderer aber nicht mit Füßen zu treten.
    Dies ist eine sehr schwere Erziehungsaufgabe, vor allem
dann, wenn man als Erwachsener selbst nicht ganz sicher ist, auf
welche Seite dieser beinahe schon widersprüchlichen Wertevor-
stellungen mehr Gewicht gelegt werden muss, um mit den Anforderungen des Alltags zurechtzukommen.
    Für moderne Eltern ist Werteerziehung nicht nur deshalb
schwierig geworden, weil es nicht mehr so einfach zu entscheiden ist, was richtig und falsch, gut oder böse ist. Es gibt noch
einen zweiten Grund, warum sich Mütter und Väter heute
schwer tun: Kinder werden nicht mit Drill, Zwang und Schlä-
gen erzogen. Ja, Schläge in der Erziehung sind per Gesetz verboten, in Kindergärten und Schulen wie auch in Familien.

In den meisten Familien herrscht ein demokratischer und liebevoller Umgang miteinander. Die Kinder dürfen sich austoben. Sie dürfen mitreden, Fragen stellen, widersprechen, eine eigene Meinung und einen eigenen Willen haben. Die Zeiten, in denen ein Kind stumm zu sein hatte, sobald Erwachsene sprachen oder in denen Kinder ohne Murren – und ohne weitere Erklärungen zu bekommen – zu tun hatten, was Erwachsene bestimmten, sind lange vorbei. Die meisten Eltern sind schon viel freier aufgewachsen als die Großelterngeneration.

Mit Druck geht gar nichts

In einer friedlichen und demokratischen Familienatmosphäre lassen sich Werte mit Liebe und Überzeugungskraft vermitteln – Druck oder Strenge bringen ohnehin nichts. Liebe und Überzeugungskraft – das klingt vielleicht einfach, ist es aber nicht. Einerseits deshalb, weil manche Eltern vielleicht selbst noch mit Ohrfeigen, Stubenarrest, „Gardinenpredigten" oder sonstigen Strafmanövern erzogen wurden. Sie haben wenig Erfahrung, wie man ein Kind liebevoll überzeugt. Zum anderen – und das betrifft alle Mütter und Väter, egal, welche Erfahrungen sie als Kind gemacht haben –, weil die Kleinen erst einmal keine Ahnung haben, was gut oder böse ist. Sie verfügen über kein genetisches Programm, wie z. B. beim Laufen- oder Sprechenlernen, das sie bei entsprechender Anleitung schon in die richtige Richtung treibt. Moralisches Verhalten müssen sie „von der Pike auf" lernen.

Und die Eltern sind nicht die Einzigen, von denen sie sich etwas abschauen. Sie nehmen mit feinen „Antennen" wahr, was in ihrer Umwelt abläuft und werden auch von anderen Kindern und anderen Erwachsenen beeinflusst. D. h., Mütter und Väter müssen nicht nur erklären, begründen und vorleben, was richtig ist, sondern sie müssen auch auf ihren Nachwuchs einwirken und ihn davon überzeugen, warum das Verhalten anderer oft wenig vorbildlich und deshalb nicht nachahmenswert ist.

Wie sich das Gewissen entwickelt

Anleitungen und Belehrungen müssen zum Entwicklungsstand des Kindes passen. Nur so haben sie Erfolg.

Ein starkes Gewissen macht uns menschlich

Jeder von uns verfügt über eine innere Instanz, die ihm zu jeder Zeit sagt, ob das, was er tut, richtig oder falsch ist. Wir nennen das Gewissen oder moralisches Bewusstsein. In einer demokratischen Gesellschaft hat dieses Bewusstsein des Einzelnen einen so hohen Stellenwert, dass es sogar von der Verfassung geschützt ist. Wir haben eine garantierte „Gewissensfreiheit", d. h., niemand kann vom Staat zu etwas gezwungen werden, wenn er dies mit seiner moralischen Überzeugung nicht vereinbaren kann (bekanntestes Beispiel: Männer dürfen aus Gewissensgründen den Dienst an der Waffe verweigern).

Im Alltag regt sich unser Gewissen immer dann, wenn wir etwas getan haben, was „sich nicht gehört" oder etwas unterlassen haben, was wir hätten tun sollen. Z. B., wenn wir einem Freund nicht zum Geburtstag gratuliert oder in der Straßenbahn nicht bezahlt haben. Oder wir haben einer Mutter mit Kinderwagen nicht über eine Treppe geholfen, das eigene Kind angebrüllt, den Partner angelogen oder in der Arbeit einen Fehler vertuscht.

Wir verspüren immer dann ein unangenehmes Gefühl, ein „schlechtes Gewissen" oder Schuldgefühle, wenn wir nicht nach unseren eigenen Werteregeln gehandelt haben. Um diese negativen Empfindungen zu vermeiden, verhalten wir uns nach

Möglichkeit richtig. Man kann sogar sagen, ein gut ausgepräg-
tes Gewissen macht uns erst zu menschlichen Zeitgenossen und
hindert uns daran, unmoralisch und böse zu sein. Es ist aber
keine Frage, dass es immer auch „gewissenlose" Menschen ge-
geben hat.

Erwachsene ohne Gewissen waren oft ungeliebte Kinder

Liest man heutzutage die Meldungen über Morde, Raubüber-
fälle, Terroranschläge und sonstige Schreckenstaten in der Zeitung oder sieht sie in den Nachrichten im Fernsehen, scheint es
sogar, als gäbe es zurzeit besonders viele Menschen, deren moralische Instanz völlig außer Kraft gesetzt ist. Tatsächlich haben
solche Menschen häufig kein Unrechtsbewusstsein. Sie wissen
zwar, dass ihre Handlungen strafbar sind, empfinden aber in
vielen Fällen weder Reue für ihre Taten noch Mitleid für ihre
Opfer. Meistens stellt sich bei genauerem Hinsehen heraus, dass
diese Leute als Kinder keine Chance hatten, ein Gewissen zu
entwickeln und moralische Werte zu lernen, weil sie ohne Eltern oder mit lieblosen, gewalttätigen Eltern aufgewachsen
sind. Oder weil sie schon als Kinder die Gräuel eines Krieges
miterleben mussten und weil sie misshandelt oder missbraucht
wurden. Niemand hat diese Menschen als Kinder zum Gutsein
erzogen.

Haben Kinder eine Ahnung, was richtig ist?

Die moralische Erziehung ist aber ganz besonders wichtig. Denn
ein Kind wird ohne Gewissen geboren. Es ist weder gut noch
böse, wenn es auf die Welt kommt. Es weiß nichts darüber, ob
sein Verhalten richtig oder falsch ist und weiß auch nicht, welche
Regeln in seinem Umfeld und in seiner Familie gelten. Das alles
muss es lernen. Sein moralisches Bewusstsein entwickelt sich
langsam über Jahre hinweg.
 Die Eltern legen in den ersten Lebensjahren des Kindes den

Grundstock für sein Gewissen. Lange bleiben sie für ihr Kind die innere Instanz, das Gewissen an sich. In der Psychologie wird das Gewissen deshalb auch „Eltern-Ich" oder „Über-Ich" genannt. Schon lange bevor ein Kind wirklich begreifen kann, was gut und böse ist und warum man manches tut und anderes auf keinen Fall darf, bekommt es von den Eltern Instruktionen. Sein Gefühl für richtig oder falsch entsteht durch Ge- und Verbote im täglichen Leben: „Spuck deinen Brei nicht aus", „wirf die Tasse nicht runter", „geh nicht an den heißen Herd", „zieh die Katze nicht am Schwanz", „sag der Tante ‚Guten Tag'", „gib deinem Bruder von der Schokolade etwas ab", „lass deinen Freund mit deiner Eisenbahn spielen".

Schon Babys können Regeln lernen

Bereits das Baby hört den ganzen Tag von seinen Eltern, was richtig und was falsch ist. Und das zeigt schon früh Wirkung. Mütter und Väter täuschen sich nicht, wenn sie manchmal den Eindruck haben, dass ihr acht oder zehn Monate altes Kind ganz genau weiß, dass es mit dem Löffel nicht in den Brei patschen soll oder die Erde aus dem Blumentopf nicht über den Teppich krümeln darf. Dass der kleine Racker es trotzdem macht, ist etwas anderes. Für ihn ist einfach der Reiz zu groß, seine Fähigkeiten wieder und wieder auszuprobieren.

Kleine Kinder müssen ständig testen, was „geht", ehe sie eine neue Erkenntnis oder Fähigkeit wirklich verinnerlicht haben. Sie verfügen noch nicht über ein **moralisches Bewusstsein** und können nicht nachempfinden, ob sie mit ihrem Handeln jemanden ärgern, enttäuschen oder verletzen. Diese Fähigkeit muss sich erst entwickeln. Dafür brauchen Eltern eine Menge Geduld.

Das Gewissen wächst in Etappen. Und dieser Vorgang beginnt bereits im Babyalter, auch wenn das schwer vorstellbar ist. „Was hat das mit Gewissen oder moralischer Entwicklung zu tun?", mögen sich Eltern fragen, wenn ihr Kleines zum ersten Mal lacht, anfängt, zu krabbeln und zu laufen, neugierig seine Umwelt erkundet und dabei den Erwachsenen oft genug gründlich auf die Nerven geht. Oder wenn das Zweijährige seine Trotzanfälle bekommt, andere Kinder kneift, beißt und an den Haaren zieht. Wenn der Vier- oder Fünfjährige am liebsten nur noch mit seinen Freunden spielen, bei anderen übernachten und sich aus dem Schutz der Familie hinauswagen will? In diesen ersten Entwicklungsjahren können Kinder schon eine Menge über Werte lernen, indem sie sich mit Regeln und Grenzen auseinander setzen. Z. B. bei folgenden Gedanken:

„Mama mag es, wenn ich ihr sanft ins Gesicht patsche. Aber sie guckt böse, wenn ich mit dem Finger in ihr Auge bohre." „Ich darf zwar mit dem Kochlöffel Lärm machen, aber ich darf ihn nicht in die Toilette werfen." „Ich kann meine kleine Schwester an die Hand nehmen und ihr ein Spielzeug geben oder wegnehmen – ich darf mich aber nicht auf sie setzen oder sie kneifen." Dies sind viele wichtige, kleine Schritte auf dem Weg zum Gutsein.

Vorschulkinder merken, was andere falsch machen

„Warum gehst du bei Rot über die Straße? Das darfst du nicht!" „He, das ist kein Klettergerüst, das ist ein Geländer zum Festhalten!" Ab dem Vorschulalter sind Kinder in der Lage, das, was sie bisher gelernt und verinnerlicht haben, bei anderen zu überprüfen. Sie wissen jetzt schon recht viel – und in den nächsten Jahren wächst dieses Wissen darüber, was richtig und was falsch ist, enorm. Während die Jüngeren ihre Wertvorstellungen noch stark auf sich selbst beziehen („Adrian ist gemein, weil er mir sein Auto nicht gibt"), orientieren sich Fünf- und Sechsjährige an den Erwachsenen, wollen sein wie sie und finden (häufig) in Ordnung und richtig, was ihnen gesagt wird. Sie verlangen dann aber, dass sich alle in ihrer Umgebung an diese Anordnungen halten. Das wirkt oft recht vorlaut und neunmalklug.

 Gehen Sie auf „moralische" Forderungen Ihres Kindes ein. Halten Sie sich an Ihre eigenen Gebote. Ihrem Kind ist es jetzt sehr wichtig, dass Ge- und Verbote auch für andere Kinder und Erwachsene gelten. Es entwickelt bereits einen **Gerechtigkeitssinn.** Dazu gehört, dass gleiches Recht für alle gilt.

Ältere Schulkinder sind kritischer und möchten sich nicht mehr so gängeln lassen. Sie verlangen einen Gegenwert, wenn sie etwas Gutes tun: „Darf ich dann Rad fahren gehen, wenn ich dir jetzt beim Geschirr spülen helfe?"

Bei Teenagern haben es die Eltern mit Werten schwer

Jugendliche stellen infrage, was ihre Eltern gut und richtig finden. Oft hat man den Eindruck, sie würden alles, was sie bisher über moralisches Verhalten gelernt haben, plötzlich über Bord werfen. Was Mutter und Vater sagen, ist nur uncool, altmodisch und nicht zeitgemäß. „Die haben ja keine Ahnung!" „Richtig" ist in diesem Alter vor allem das, was in der Peergroup gilt, denn die Gleichaltrigen sind die Ton angebenden Mitmenschen.

Aber das geht vorüber, auch wenn es manchmal kaum vorstellbar ist. Doch Eltern sollten sich immer wieder vor Augen halten: Ihr Kind befindet sich in der Pubertät in einer besonders schwierigen Phase, nämlich auf der Schwelle vom Kind zum Erwachsensein. Es muss die Geborgenheit der Kindheit aufgeben und endgültig die Selbstständigkeit des Erwachsenen finden. Das ist schwer, schmerzhaft (natürlich auch für die Eltern), turbulent und mit sehr großen Unsicherheiten verbunden.

Das Gewissen bekommt in dieser Phase seinen letzten Schliff. Jugendliche müssen lernen, selbst zu entscheiden, was richtig und gut ist. Sie müssen ihren moralischen Weg allein finden.

3 Was verstehen Kinder in welchem Alter?

Um zu begreifen, was man einem Kind wann (und wie) an moralischem Bewusstsein beibringen kann, muss man wissen, wie es sich geistig, seelisch und sozial entwickelt. Denn es hat wenig Sinn, einem sechs Monate alten Baby „ins Gewissen zu reden", weil es immer wieder seine Rassel auf den Boden wirft. Es kann noch nicht verstehen, warum das falsch ist. Auf der anderen Seite muss ein Zweijähriger, der seine Sandkastenfreunde beißt, unbedingt gestoppt werden. Er muss möglichst schnell lernen, dass das falsch ist, auch wenn er nicht sofort versteht, warum.

Um ein Kind dahin zu bringen, sich irgendwann an das zu halten, was gut und richtig ist, brauchen Eltern viel Einfühlungsvermögen, Verständnis und Geduld. Und sie müssen sich dem Entwicklungsstand ihres Kindes anpassen. Es ist schließlich das Ziel, dass das Kind irgendwann selbst von der Richtigkeit der Werte überzeugt ist und auch später als Erwachsener ohne elterliche Kontrolle sein Leben daran orientiert.

Um so wichtige Dinge wie Achtung und Respekt vor anderen, Toleranz, Einfühlungsvermögen und Rücksichtnahme lernen zu können, braucht ein Kind ganz bestimmte Voraussetzungen: Es muss sich z. B. geliebt fühlen, stabile Bindungen zu Bezugspersonen haben – im Idealfall zu den Eltern –, es muss sich in seinem Leben einigermaßen sicher fühlen. Es braucht Selbstbewusstsein und ein Gefühl vom eigenen Wert. Auch unter diesem Gesichtspunkt beginnt die moralische Erziehung bereits beim Säugling, gleich nach der Geburt. Denn ab diesem Zeitpunkt müssen Eltern kontinuierlich die Voraussetzungen für die moralische Entwicklung schaffen.

Babys brauchen Liebe

Ein Neugeborenes ist vollkommen von seiner Mutter (oder einer anderen Bezugsperson) abhängig. Es könnte ohne sie nicht überleben. In den ersten Lebensmonaten haben Babys nur eines im Sinn: ihre Bedürfnisse zu befriedigen. Weil ihnen noch jedes Zeitgefühl fehlt, können sie nicht warten. Haben sie Hunger, Durst, nasse Windeln oder Schmerzen, fühlen sie sich unbehaglich, wollen sie Trost, Unterhaltung, Ruhe und Zuwendung, ist ihnen zu kalt oder zu warm, machen sie sich sofort bemerkbar. Häufig schreien sie, manchmal sind die Signale aber auch leiser und feiner. Das Baby zappelt, wimmert oder dreht sich weg. Für Mütter ist es anfangs oft gar nicht leicht, aus dieser Palette von Möglichkeiten herauszufinden, was ihr Kleines gerade braucht.

Je besser sie sich auf die Bedürfnisse des Winzlings einstellen können, umso „pflegeleichter" wird er sein. Denn die zuverlässige und rasche Befriedigung seiner Bedürfnisse gibt dem Baby Urvertrauen. Eine wichtige Voraussetzung, um später einmal selbst vertrauenswürdig zu werden. Nicht zu übersehen sind bei aller Pflege und Ernährung die emotionalen Bedürfnisse des kleinen Menschen: Schmusen, streicheln, reden, singen und anschauen sind für ihn ebenso nötig wie Nahrung und frische Windeln.

Die Mutter muss nicht mehr sofort reagieren

Auch in der zweiten Hälfte seines ersten Lebensjahres braucht das Baby die Sicherheit, dass es alles bekommt, was es braucht. Aber jetzt kann das Kleine schon einige Minuten warten. Es nimmt immer mehr aktiven Anteil an seiner Umwelt und ist an allem interessiert, was es sieht und hört. Die Mutter muss nicht mehr sofort beim ersten Ton reagieren und es hochnehmen. Gibt sie ihrem Kind ein klein wenig Zeit (zunächst nicht mehr als drei bis fünf Minuten), kann es lernen, sich selbst zu beruhigen oder zu beschäftigen. Dies ist eine wichtige und wunder-

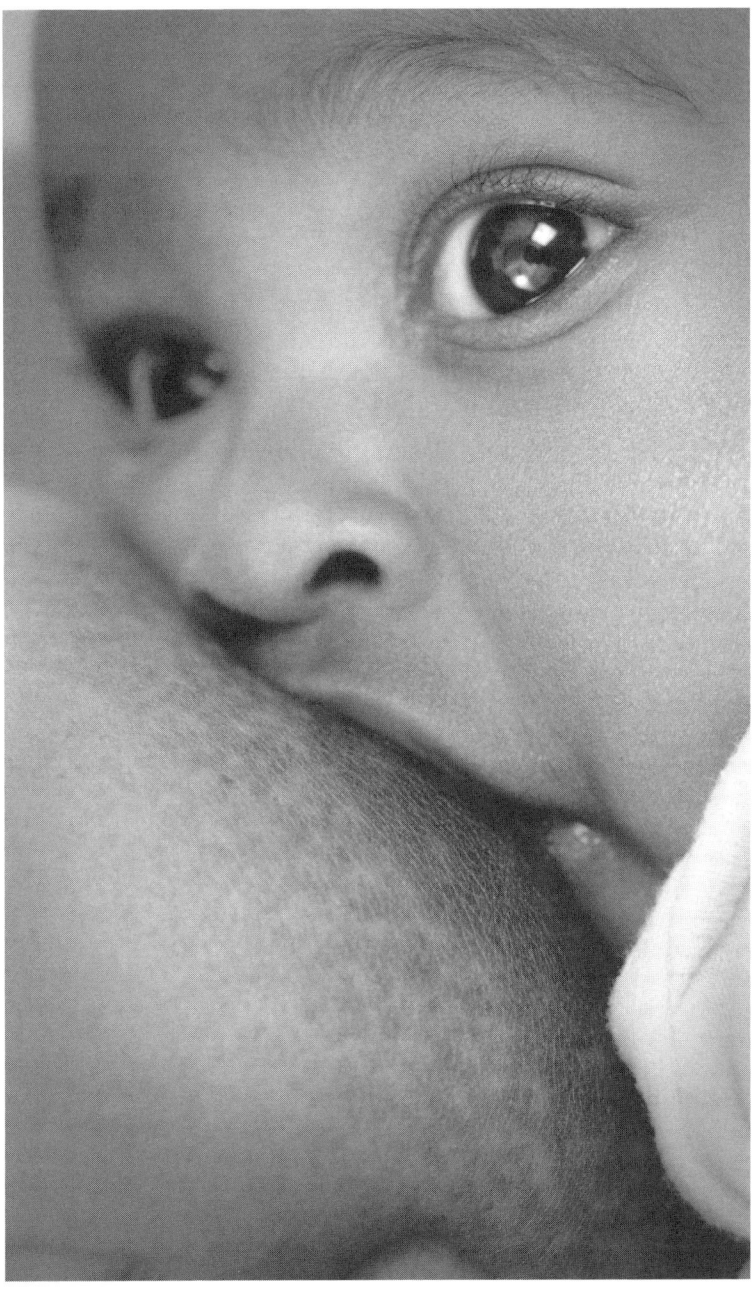

bare Erfahrung auf dem Weg in die Selbstständigkeit. Die Voraussetzung dafür ist natürlich, dass es keinen Hunger hat, nicht friert oder Schmerzen hat. In solchen Fällen muss ihm sofort geholfen werden.

Soziale Regeln kommen später

Im ersten Lebensjahr beherrschen Kinder noch keine sozialen Regeln. Mütter, die mit ihrem Kind eine Krabbelgruppe besuchen, erleben das besonders deutlich. Die Winzlinge spielen nicht miteinander, sondern nebeneinander. Sie nehmen keine Rücksicht aufeinander und ihre Kontakte beschränken sich meistens auf Lächeln, Schubsen, Spielzeug wegnehmen. Das ist völlig normal und entspricht ihrer Entwicklung. Sie nehmen sich selbst noch nicht als eigenständige Persönlichkeiten wahr, sondern empfinden sich als Teil der Mutter. Deshalb ist es ihnen auch völlig unmöglich, sich in andere hineinzuversetzen oder eigene Bedürfnisse zurückzustellen.

Fühlt sich ein Baby in einer **Krabbelgruppe** nicht wohl – das kann sich darin äußern, dass es viel weint, aber auch darin, dass es zu anderen Babys besonders grob ist – kann man es getrost wieder herausnehmen und noch einige Zeit warten. Das schadet seiner Entwicklung nicht.

Kleinkinder brauchen Grenzen

Der erste freihändige Schritt eines Kindes im zweiten Lebensjahr ist fast eine „Revolution" in seiner Entwicklung. Es kann sich jetzt eigenständig und aufrecht vorwärts bewegen und seine Umwelt nach seinem eigenen Willen erkunden und erobern. Das Kind erkennt jetzt nach und nach, dass es eine eigene Person ist, die sich von anderen unterscheidet. Es entdeckt seinen eigenen Willen und die Fähigkeit, diesen auch auszuführen. Z. B. eine Schublade aufzuziehen und auszuräumen, Bausteine aufeinander zu stapeln und vielleicht sogar, einen Strich mit einem Stift übers Papier zu ziehen. Unermüdlich weitet es seinen Aktionsradius aus, macht sich zu Forschungsreisen durch die Wohnung auf, sucht Kontakt zu anderen und findet auch Gleichaltrige recht interessant.

Körperlicher Einsatz ist jetzt in der Regel der Antrieb, mit anderen Kindern – oder Erwachsenen – in Kontakt zu kommen. Weil es den Kleinen noch erheblich an sprachlichen Fähigkeiten und Ausdrucksmöglichkeiten fehlt, läuft alles über den Körper ab. Das ist normal und sollte weder bestraft noch unterbunden werden.

Hauen und Beißen gehören dazu

Was Eltern oft erschüttert, ist der rüde Umgang mit anderen Kindern. Sie hauen sich im Sandkasten die Schaufeln auf den Kopf, ziehen sich gegenseitig an den Haaren, schubsen sich um oder beißen. Das bedeutet aber keineswegs, dass Kleinkinder böse sind. Sie wissen es nur noch nicht besser.

Hinter dem scheinbar unsozialen Verhalten steckt auch Neugier. Die Kleinen probieren einfach aus, was passiert, wenn sie treten, kneifen oder schubsen. Sie finden es in erster Linie interessant, wenn das andere Kind anfängt, zu weinen. Ihr Einfühlungsvermögen ist noch nicht besonders ausgeprägt. Sie sind noch stark ichzentriert, d. h., sie halten sich selbst für den Mittelpunkt der Welt und ihre Wünsche und Bedürfnisse sind für sie das Wichtigste. Sie sind totale Egoisten, was jedoch ihrer normalen Entwicklung entspricht.

Nicht mit gleicher Münze zurückzahlen

Was Kinder jetzt ganz dringend brauchen, sind Grenzen. Sie suchen geradezu danach. Denn ihr Bestreben ist es, herauszufinden, wie die Regeln lauten. Es fällt vielen Eltern schwer, Grenzen zu setzen. Sie wissen nicht recht, wie sie reagieren sollen, wenn sich der Sohn oder die Tochter „unsozial" verhalten. Sollen sie ihm „eins auf die Finger geben", falls das Kind ein anderes (oder auch Mutter oder Vater) geschlagen hat? Damit es weiß, wie sich das anfühlt? Es ebenso an den Haaren ziehen, wie es andere zieht? Es anbrüllen oder ihm einen Klaps auf den Po geben?

Nein, das wären fatale Reaktionen. Denn das Kind würde daraus lernen, dass Hauen und Brüllen normale Kommunikationsmittel sind. Aber gerade das wollen Eltern ihnen ja aberziehen. Sie müssen ihrem Wildfang also auf andere Weise beibringen, wie er sich benehmen soll.

Oft sorgt eine Auszeit für Entspannung

Ein- bis Zweijährige sind durchaus schon in der Lage, ein „Nein" zu verstehen. Weil sich ihre Interessen – einerseits das andere Kind durch ein wenig Grobheit noch besser kennen zu lernen und andererseits zu tun, was die Eltern wollen – oft sehr stark widersprechen, reicht ein bloßes „Nein" meistens nicht aus. In solchen Situationen hat sich eine Auszeit bewährt: Man bringt den kleinen Missetäter einfach aus der Gefahrenzone, indem man ihn z. B. aus dem Sandkasten nimmt und für ein paar Minuten zu sich auf die Parkbank setzt. In der Wohnung kann man ihn für ein paar Minuten in sein Zimmer „verfrachten". Bei größeren Auseinandersetzungen, z. B. in der Krabbelgruppe, zieht man das Kind ganz aus dem Verkehr und geht nach Hause.

Bei der **Auszeit** sind zwei Dinge wichtig: Erstens, dass man seinem Kind ruhig, ernst und bestimmt sagt, warum es etwas nicht tun darf („An den Haaren ziehen tut dem Mädchen weh", „Spielzeug wegnehmen macht den Jungen traurig"). Zweitens, dass man niemals das ganze Kind verurteilt („Du bis unmöglich"), sondern immer nur seine Tat kritisiert („Beißen ist böse"). So fühlt sich das Kind nicht bestraft, abgelehnt und ungeliebt, sondern es kann viel besser lernen, was richtig ist.

„Alles meins" – das ist normal

Haben Eltern und Kind diese kritische Phase gut in den Griff bekommen, zeigen sich oft schon bei den Drei- und Vierjährigen Verständnis, Einfühlungsvermögen – „Hast du dir wehgetan? Komm, lass mich pusten" – und Rücksicht – „Schau, ich nehme mein Buch weg, dann kannst du dich hinsetzen" –, die geradezu rührend wirken. Von ihrem Entwicklungsstand her können Kinder sich jetzt schon eher vorstellen, wie sich ein anderer fühlt. Aber sie sind noch längst nicht immer in der Lage, sich auch entsprechend zu verhalten. So fällt es ihnen beispielsweise immer noch sehr schwer, zu teilen (sie sollten auch nicht dazu gezwungen werden), weil sie gerade erst entdeckt haben, was eigener Besitz ist. Das Verständnis dafür, dass ein anderes Kind etwas von der Schokolade abhaben möchte, ist erheblich schwächer ausgeprägt als das Bedürfnis, die ganze Tafel Schokolade allein aufzuessen.

Kleinkinder können noch nicht lügen

Auch wenn es so klingt: Streng genommen sind die Unwahrheiten, die ein drei- oder vierjähriges Kind von sich gibt, keine Lügen. Kinder in diesem Alter befinden sich in der so genannten

„magischen Phase". D. h., sie haben eine ungeheuer blühende Fantasie, die sie noch nicht klar von der Wirklichkeit trennen können. Große Wünsche wie z. b. nach einem Geschwisterchen oder Angst (z. B. vor dem Einschlafen oder vor Strafe) können genauso Auslöser für solche „Lügen" sein wie Träume oder Geschichten, die sie gehört oder vorgelesen bekommen haben. Fantasiegestalten wie der Weihnachtsmann sind für Kinder ebenso real wie existierende Menschen, sogar dann, wenn sie eigentlich „wissen", wer hinter der Verkleidung steckt. Einbildung und Wirklichkeit gehen nahtlos ineinander über.

> Der Kindergarten in einem Vorort von München ist fortschrittlich. Den Kindern wird nichts vorgemacht. Trotzdem gibt es die traditionellen Rituale zu allen Festen im Jahresverlauf. Zu Nikolaus kommt ein junger Mann aus der Pfarrei, den alle Kinder kennen. Er zieht erst im Kindergarten sein Nikolauskostüm an. Die Kleinen dürfen zuschauen, bevor sie in den Gruppenraum gehen und warten. Als der „Nikolaus" hereinkommt, sind alle ganz ergriffen; ein Junge weint, denn er hat Angst. Kein einziges Kind scheint den jungen Mann wieder zu erkennen. Für alle ist die Person der Nikolaus.

Vorschulkinder brauchen Erklärungen

Im Vorschulalter haben Kinder, die entsprechend erzogen wurden, schon ein gutes Stück Weg in ihrer moralischen Entwicklung zurückgelegt. Sie kennen viele Regeln, die innerhalb der Familie gelten und halten sich zum Teil daran. Z. B. daran, dass man „Bitte" sagt, wenn man etwas haben möchte, und „Danke", falls man etwas bekommen hat. Sie wissen, dass es die Mutter freut, wenn man beim Tischdecken, Aufräumen oder Abspülen hilft. Dass man die Schuhe an der Tür auszieht und dass man keine Schimpfworte benutzt, wenngleich diese jetzt einen besonderen Reiz ausüben, weil sie noch neu sind und meist so außergewöhnlich interessante Reaktionen hervorrufen, weshalb sich ein Kind oft über das Verbot hinwegsetzt.

Auch außerhalb der Familie, insbesondere in Kindergruppen, haben Jungen und Mädchen inzwischen soziale Regeln gelernt. Sie können einem anderen Kind zuhören und auch einmal eine andere Meinung gelten lassen – „Wenn du unbedingt willst, dann machen wir es halt so." Sie sind rücksichtsvoller geworden und kooperationsbereiter – „Komm, ich helfe dir, dann geht es schneller."

Trotzdem unterscheiden sich ihr Wertedenken und ihre Weltsicht noch erheblich von denen der Erwachsenen. Vier- und Fünfjährige sind noch stark ichbezogen. Sie wissen zwar durchaus etwas mit Begriffen wie „unfair" oder „gemein" anzufangen, aber sie finden vor allem das Verhalten anderer unfair. Nämlich dann, wenn diese ihnen nicht geben, was sie gerade wollen. Sie sind aus tiefster Seele von der Richtigkeit ihres Denkens überzeugt und lassen sich durch nichts davon abbringen, wie dieses typische Beispiel zeigt:

Die vierjährige Sandra hat zum Geburtstag eine neue Puppe bekommen und spielt damit mit ihrer sechsjährigen Freundin Eva aus der Nachbarschaft. Plötzlich kommt Geschrei aus dem Kinderzimmer. Sandra beklagt sich bitterlich bei ihrer Mutter über Eva. „Sie ist so gemein. Sie hat Mimi" – so heißt die Puppe – „das blaue Kleid angezogen. Ich wollte aber das Rote." „Hast du Eva gesagt, welches Kleid sie Mimi anziehen soll?" fragt die Mutter. „Nein", kommt prompt als Antwort. „Aber dann kannst du doch nicht sagen, Eva sei gemein." „Sie ist aber doch gemein." Alle Versuche der Mutter, ihre Tochter über das Wesen der Gemeinheit aufzuklären scheitern. Das mit dem Puppenkleid findet Sandra gemein. Basta. Es hindert sie aber nicht daran, kurze Zeit später mit ihrer Freundin wieder friedlich weiterzuspielen.

Fachleute nennen dieses Phänomen egozentrisches Verhalten in der moralischen Entwicklung. Und sie sind der Ansicht, dass es nicht zu vermeiden sei, sondern dazugehöre. Trotzdem ist es sinnvoll, mit seinem Kind in der Situation darüber zu reden. Ein Teil der Erklärungen bleibt durchaus hängen.

Was gefällt, wird eingesackt

Als Martin, vier, von seinem Freund Timm nach Hause kommt, hat er ein neues Spielzeugauto. „Hat Timm dir das geschenkt?" fragt die Mutter ihren Sohn. „Hmhm", kommt als Antwort. Die Mutter wird misstrauisch. „Sag mal, hast du das Auto einfach mitgenommen?" „Neiiiiin, das Auto gehört mir." Der Mutter ist klar, hier stimmt was nicht. Nach längerem Nachfragen gesteht Martin schließlich doch kleinlaut, dass er das Auto einfach mitgenommen habe.

Eltern sollten jetzt auf keinen Fall denken, sie hätten schon einen kleinen Dieb in der Familie. Denn tatsächlich sind Vier- und Fünfjährige noch nicht in der Lage, zwischen Mein und Dein zu unterscheiden. Ihr Wunsch, etwas haben zu wollen, ist so stark, dass er das Bewusstsein für die Realität trübt. Das ist normal. Trotzdem müssen Mütter und Väter ihrem Kind natürlich die wahren Besitzverhältnisse erklären. Dazu gehört auch, etwas zurückzugeben, was einem anderen Kind weggenommen wurde.

Ein Phänomen bei Vorschulkindern ist ihr Verhältnis zu Besitz. Die meisten wissen zwar schon ganz genau, dass man beispielsweise im Supermarkt nicht einfach etwas mitnehmen darf. Oder dass die Dinge auf Mamas Schreibtisch tabu sind. Aber gleichzeitig leben sie in der Überzeugung „Was mir gefällt, gehört auch mir." Und häufig nehmen sie es sich.

Fantasie wird großgeschrieben

Ein weiteres Problem ist für viele Eltern, wie es ihr Vorschulkind mit der Wahrheit hält. Die meisten Jungen und Mädchen erzählen häufig Geschichten, die eindeutig erfunden sind. Doch aufgrund ihres bereits gut ausgeprägten Realitätssinnes und ihrer sprachlichen Gewandtheit könnten viele dieser Geschichten auch wahr sein. Der fünfjährige Rudi gibt beispielsweise im Kindergarten damit an, dass sich sein Papa einen großen Mercedes gekauft hat – was gar nicht stimmt. Oder die fünfeinhalbjährige Monika erzählt einer Nachbarin, ihre Mama würde ein Baby bekommen. Manuela, knapp 6, behauptet, sie hätte im Garten einen riesengroßen Hund gesehen, vor dem sie sich fürchtet, und will deshalb nicht allein ins Bett gehen.

Böse und vorsätzlich zu lügen, um sich selbst einen Vorteil zu verschaffen, etwas zu vertuschen oder jemand anderem zu schaden, können Kinder in diesem Alter noch nicht. Dazu sind sie erst mit etwa 8 bis 10 Jahren in der Lage. Deshalb sollten Mütter und Väter auch nicht erschrecken und am moralischen Wert ihres Sprösslings zweifeln. Strafen oder Schimpfen sind nicht die richtige Reaktion. Vielmehr sollte man in einem ruhigen, liebevollen Gespräch auf die Geschichte des Kindes eingehen, z. B.: „Warum hast du Frau Meyer erzählt, ich würde ein Baby erwarten? Wünschst du dir ein Geschwisterchen?" Oder ihm eine Brücke bauen: „Du kannst ruhig zugeben, dass du es warst, der die Tasse hat fallen lassen. Das kann passieren. Hilf mir die Scherben aufzufegen, dann ist es wieder in Ordnung."

Schulkinder brauchen Unterstützung

Wenn ein Kind in die Schule kommt, hat es einen Entwicklungsstand erreicht, der von einem ausgesprochen starken Gerechtigkeitssinn geprägt ist. Allerdings bedeutet Gerechtigkeit für Schulkinder vor allem ein Handel: Wie du mir, so ich dir – im positiven wie im negativen Sinn. Tu ich dir einen Gefallen, musst du mir auch einen tun. Schenkst du mir etwas, bekommst du auch von mir was zurück. Es heißt aber auch: „Auge um Auge, Zahn um Zahn". Hat mich mein Bruder drei Mal am Zopf gezogen, muss ich ihn auch drei Mal an den Haaren ziehen. Die Folge ist oft Streit mit Geschwistern, mit den Eltern, mit Freunden und Klassenkameraden. Es herrscht ein ständiges Gejammer: „Der hat was, ich möchte das auch", „Die darf mehr, warum ich nicht?"

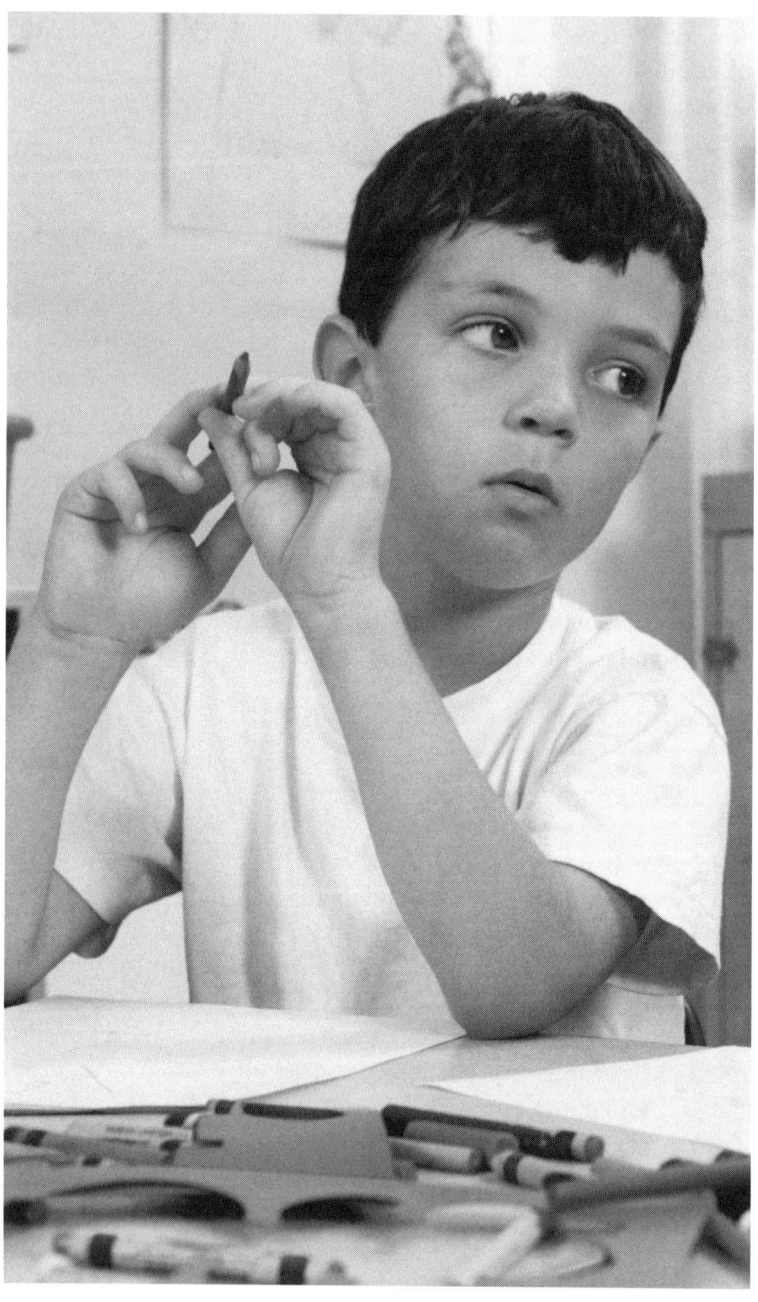

Schulkinder können grausam sein

Obwohl ein Schulkind durchaus schon über Einfühlungsvermögen verfügt und sich gut vorstellen kann, dass es bestimmte Dinge selbst nicht erleben will, fügt es diese anderen zu. Gemeinheiten, Grausamkeiten sind an der Tagesordnung. Hat ein Kind einen Fehler gemacht, ist es ungeschickt oder hat es ein Handicap, wird es ausgelacht, verspottet und ausgegrenzt. Verletzungen lassen Kinder nur gelten, wenn diese sichtbar sind. Dass auch Gefühle verletzt werden können, wenn man z. B. belogen oder zurückgewiesen wird, sehen sie nicht ein. Lügen, Schummeln und selbst Klauen ist für kleinere Schulkinder erst mal nichts moralisch Verwerfliches. „Wieso, das tut dem Michael doch nicht weh, wenn ich ihm seinen Bleistift wegnehme. Er hat doch noch einen anderen." „Marion sieht mit ihren roten Haaren einfach zu blöd aus, das stimmt doch. Und was stimmt, darf ich ihr doch sagen."

Angesichts der **Gewalt**, die heute an vielen Schulen herrscht, machen sich Eltern große Sorgen, wenn das eigene Kind verbale Grausamkeiten von sich gibt. Doch normalerweise ist ein Kind in diesem Alter nicht absichtlich böse, denn es gehört zu seiner normalen Entwicklung. Das ist allerdings kein Grund, sich beruhigt zurückzulehnen. Jetzt sind Erklärungen und Appelle ans Mitgefühl gefordert, aber keine Strafen.

Wichtig ist, dass Eltern ihrem Kind immer wieder erklären, wie sich ein anderer Mensch fühlt: „Du hast ja auch mehrere Stifte und du willst sie alle für dich behalten. Genau so ist das bei Michael." „Marion ist bestimmt sehr traurig, wenn du ihr sagst, sie sehe blöd aus. Du möchtest das doch auch nicht hören. So was tut in der Seele weh." Das können Kinder einsehen und akzeptieren. Was sie aber nicht daran hindern wird, bei der nächsten Gelegenheit wieder in ihr altes Verhalten zurückzufallen. Es braucht seine Zeit, bis sich das Wissen um die Verletzlichkeit der Gefühle anderer gefestigt hat.

Ruhige Kinder brauchen mehr Unterstützung

Auf der einen Seite muss das eigene Kind immer wieder darauf aufmerksam gemacht werden, dass Gemeinheiten, Gewalttätigkeiten, Ausgrenzungen nicht in Ordnung sind. Auf der anderen Seite muss es auch unterstützt werden, falls es selbst Opfer solcher Gemeinheiten wird. Deshalb ist es wichtig, dass Eltern ihrem Kind das Gefühl geben, dass es sich auf sie verlassen kann, falls es ihm zu viel wird. Oder dass es sich bei anderen Hilfe holen soll, falls es auf dem Schulhof verprügelt werden sollte – bei Lehrern oder älteren Schülern. Obwohl eine Erziehung zur Gewaltfreiheit sehr erstrebenswert ist, kann es notwendig sein, dass ein Kind in diesem Alter weiß, dass es auch mal zurückhauen darf, wenn es gar nicht anders geht.

Das Kind sollte wissen, dass es sich auch aus Streitigkeiten heraushalten und einfach weggehen kann und nicht weiter auf die anderen reagieren muss. Oder dass Angriffe auch mit Worten abgewehrt werden können. Am besten ist es, wenn Kinder **Konflikte untereinander lösen** können.

Bei Gewalt müssen die Eltern eingreifen

Ständigen Aggressionen ausgesetzt zu sein, ohne sich wehren zu können, untergräbt das Selbstbewusstsein und Selbstwertgefühl eines Kindes enorm. Selbstbewusstsein und Selbstvertrauen tragen aber mehr zur Gewaltbewältigung bei als Schüchternheit und Angst. Wird das eigene Kind zu sehr gehänselt oder gar verprügelt und kann sich alleine nicht dagegen wehren, ist es notwendig, dass sich Mutter oder Vater einmischen, indem sie sich z. B. mit den Eltern des Angreifers in Verbindung setzen. Oder, was meistens sehr wirkungsvoll ist, indem sie ihn direkt ansprechen. Sie sollten dabei möglichst sachlich vorgehen, indem sie z. B. zu dem Grobian sagen „Findest du das okay, wenn du den Manuel immer schubst? Ich gehe davon aus, dass das jetzt aufhört!" Es ist gut, wenn Eltern das andere Kind nicht als Feind, sondern als hilfsbedürftiges „Opfer" betrachten können. Denn ernsthaft gewalttätige Kinder befinden sich nicht mehr in einem normalen Entwicklungsstadium, sondern haben oder hatten meistens selbst enorm zu leiden. Bei massiven Problemen müssen Lehrer, Schulleitung und Behörden eingeschaltet werden.

Den eigenen Standpunkt vertreten

Das ausgeprägte Streben nach Unabhängigkeit ist ein weiteres Merkmal dieser Entwicklungsphase. Kinder sind jetzt der Meinung, dass sie eigene Rechte haben. Sie stellen fest, dass Erwachsene keineswegs so allmächtig und allwissend sind, wie sie bisher geglaubt haben. Das führt dazu, dass sie häufig auf ihrem Standpunkt beharren und nicht einsehen wollen, warum sie nicht einfach tun können, was sie möchten. Für Eltern kann das sehr anstrengend werden, wenn ihr Sohn oder ihre Tochter plötzlich große Töne spuckt: „Du kümmerst dich um deinen Kram und ich mache, was ich will." Oder: „Kinder haben auch Rechte, du brauchst mich überhaupt nicht herumzukommandieren."

Dieses widerspenstige Verhalten hat eigentlich eine sehr positive Ursache: Das Kind hat gelernt, dass es verschiedene Standpunkte gibt und dass diese zu respektieren sind. Dies ist eine wichtige Voraussetzung für Toleranz. Die „revolutionäre" Erkenntnis bringt es aber auf die Idee, dass Forderungen oder Regeln, die von den Eltern kommen, eben nur deren Standpunkte sind – einige von Vielen. Es selbst hat schließlich seinen eigenen Standpunkt, der von anderen ebenfalls zu respektieren ist. Und weil Kinder unter Gerechtigkeit vor allen Dingen absolute Gleichheit verstehen, sind sie oft der Ansicht, ihr Standpunkt sei genauso wichtig.

> Der achtjährige Matthias kann überhaupt nicht einsehen, warum er zu Bett gehen soll, nur weil sein Vater sagt „Es ist schon spät und ich bin auch schon müde." „Dann geh du eben ins Bett, ich bleibe noch auf und spiele weiter", ist seine Antwort. Die neunjährige Uta kommt von der Schule und behauptet: „Alle in der Klasse dürfen am Freitagabend noch einen Krimi im Fernsehen anschauen. Es ist unfair, wenn ich ins Bett muss."

Über Probleme reden

Es ist mühsam für Eltern, bei jeder Forderung dieser Art mit ihrem Kind endlos hin und her zu argumentieren und es ist auch nicht immer notwendig. Manchmal sind die Kleinen um ein eindeutiges und klares Nein ganz froh, wenngleich sie das natürlich nie zugeben würden. Das gilt z. B. fürs Fernsehen. In diesem Alter geht es ihnen nicht so sehr darum, mitreden zu können, sondern um die Gleichbehandlung. Auf den Wunsch nach dem Krimi kann man beispielsweise so reagieren: „Was andere tun, gilt nicht automatisch auch für unsere Familie. Der Krimi kommt nicht infrage. Du kannst ein bisschen lesen oder eine Kassette hören, wenn du noch nicht müde bist." Das Kind wird zwar zunächst murren, aber letztlich zufrieden sein.

Familienkonferenzen helfen, Konflikte zu lösen

Wenn sich Eltern und Kinder in entspannter Atmosphäre zusammensetzen und über ihre Probleme reden, kann das viel zur Lösung beitragen. Die Eltern können sagen, wie sehr sie die ewigen Vergleiche mit anderen und die daraus resultierenden Forderungen unter Druck setzen. Sie können ihrem Kind erklären, dass sie sich bemühen, für Gerechtigkeit und Fairness zu sorgen. Und die Kinder sollten das Recht haben, ebenfalls ihre Auffassung davon darzulegen, wo sie sich gerecht behandelt fühlen und was ihnen nicht passt. In solchen Gesprächen lassen sich Kompromisse finden und sie können die Familienatmosphäre spürbar entspannen. Wichtigste Voraussetzung dafür ist: Jeder darf ausreden und was die Kinder zu sagen haben, ist ebenso wichtig wie das, was die Eltern sagen. Damit es gerecht zugeht, kann eine Redezeit von drei Minuten pro Redebeitrag vereinbart werden.

Jugendliche brauchen Verständnis

Kommen Kinder ins Teenageralter, beginnt für die ganze Familie meist eine sehr anstrengende Zeit. Die Eltern sind erschrocken, wie vorlaut, frech und dreist ihr bisher doch recht „handzahmer" Sprössling plötzlich geworden ist. Sie sind entsetzt über die Launen und die Gereiztheit, die der Sohn oder die Tochter nun an den Tag legt. Sie wundern sich über den Konformismus des Nachwuchses, der auf einmal alles nur noch der Frage unterordnet: „Was werden die anderen dazu sagen oder von mir denken?"

„Die anderen" sind aber nicht etwa vernünftige Erwachsene oder andere akzeptable Vorbilder. „Die anderen" sind vielmehr Gleichaltrige, die Clique, diejenigen, die ebenso frech und launisch sind wie das eigene Kind. Und denen will es sich unbedingt anpassen und um jeden Preis tun, „was alle machen". Moralische Werte wie Einfühlsamkeit, Respekt, Höflichkeit, Kompromissbereitschaft, die das Kind bisher schon ganz gut drauf hatte, scheinen an vielen Tagen wie weggeblasen zu sein.

Rüpeleien gehören zur Entwicklung

Auch wenn es für Eltern nur schwer zu tolerieren ist: Dieses Verhalten gehört zur normalen Entwicklung. Schlechtes Benehmen ist ein Ausdruck für jugendliche Unsicherheit. Die Teenager haben gerade ein schwieriges Programm auf dem Weg ins Erwachsenenleben zu bewältigen. Sie müssen sich einerseits von den Eltern ablösen und andererseits ihren Platz in der Gruppe der Gleichaltrigen, mit denen sie erwachsen werden, erkämpfen.

Eltern sollten ihren Kindern dabei Halt geben, ohne sich aufzudrängen. Sie auffangen, falls etwas schief geht und sie unterstützen, wenn sie von der Gruppe der Gleichaltrigen zu sehr unter Druck gesetzt werden, z. B. beim Umgang mit Drogen, Kriminalität oder Sex.

Das ist eine enorme Herausforderung, die viel Fingerspitzengefühl und Gelassenheit erfordert. Für Mütter und Väter ist diese Phase nicht leicht, denn sie müssen ihre Kinder loslassen und ihnen die Chance geben, eigene Erfahrungen und eigene Fehler zu machen. Sie müssen ihnen die Möglichkeit geben, eigene Werte festzulegen, eigene Entscheidungen zu treffen und sich selbst als unabhängige, eigenständige Persönlichkeiten zu erleben. Sie sollten sie also möglichst sensibel an der „langen Leine" führen. Wichtig ist, dass ein Kind sich trotz aller Streitigkeiten und Uneinigkeiten in der Familie noch geborgen fühlt.

Teenager sind „Gruppenprofis"

Was ihre moralische Entwicklung angeht, so befinden sich Teenager auf einem hohen Stand. Auch wenn es oft nicht so wirkt, können sie sich in andere einfühlen, Bedürfnisse der Gruppe wahrnehmen und Eigene zurückstellen. Sie sind der Überzeugung, dass gute Menschen sich um andere kümmern. Persönliche Beziehungen sind ihnen wichtig. Im Gegensatz zu jüngeren Schulkindern denken sie nicht mehr „Wie du mir, so ich dir", sondern „Sei so zu anderen, wie du möchtest, dass sie zu dir sind." Weil sie in der Phase des Erwachsenwerdens besonders unsicher sind und ihr Selbstwertgefühl äußerst zerbrechlich ist, scheint es allerdings manchmal so, als würden sie sich wieder zurückentwickeln.

Von heute auf morgen wie verwandelt

Oft passiert es zum Entsetzen der Eltern beinahe über Nacht: Ihr bisher zugängliches, kooperationsbereites, vernünftiges Kind ist plötzlich launisch, streitsüchtig, mürrisch. Die Tochter zieht sich in ihr Zimmer zurück, gibt patzige Antworten und legt schlechte Manieren an den Tag, die die Eltern bei ihr überhaupt noch nie gesehen haben. Der Sohn ist geradezu besessen von der Frage, was seine Freunde (oder Feinde) von ihm halten, wie sie seine Kleidung, seine Frisur und das, was er tut, beurteilen. Wie Mutter und Vater das finden, interessiert ihn weniger.

 Auch das **schlimmste Verhalten** Ihres Sprösslings gehört jetzt zur normalen Entwicklung. Je unmöglicher das Verhalten, desto mehr Unterstützung braucht das Kind und keine Verurteilung.

Unbedingt im Gespräch bleiben

So lautet jetzt die Devise. Das kann aber nur klappen, wenn Eltern die Art und Weise, wie sie mit ihrem Kind reden, verändern und es seiner Entwicklung anpassen, indem sie es da packen, wo es gerade steht. „Du wirst das tun, sonst kannst du was erleben", wird nur Widerspruch herausfordern. „Ich bitte dich um einen Gefallen", „Tu das doch einfach mir zuliebe", oder: „Versuche doch mal, die Sache aus meinem Blickwinkel zu sehen, was würdest du an meiner Stelle tun?" oder: „Es wäre wirklich sehr nett von dir, wenn du dich bei Oma und Opa zusammen-reißen könntest und dich wenigstens an diesem Nachmittag gut benehmen würdest. Das kannst du doch!" Diese Art der An-sprache ermuntert auch widerspenstige Teenager, sich von einer besseren Seite zu zeigen. Und es hält die bedrohte Beziehung zwischen Eltern und Kind aufrecht.

„Lange Leine" und Fürsorge

Gelingt es Eltern, ihrem Teenager einerseits seine gewünschten Freiheiten zu geben und ihm andererseits zu vermitteln: „Du hast ein Zuhause, in dem du akzeptiert und respektiert wirst", helfen sie ihm, Antworten auf die Fragen „Wer bin ich?" und „Was will ich?" zu finden. Sehr hilfreich ist es für die Jugend-lichen, wenn Eltern den eigenwilligen Geschmack bei Kleidung oder Haaren akzeptieren können. Eine Möglichkeit, im Ge-spräch zu bleiben, wäre es, gemeinsam mit dem Kind alte Fami-lienerinnerungen aufleben zu lassen. Nach dem Motto: „Weißt du noch...?" (klappt aber nicht immer und man sollte das Kind nicht dazu zwingen). Denkbar sind auch Gespräche über die Freunde des Sohnes oder der Tochter, bei denen die Eltern Interesse zeigen, aber keine negativen Urteile fällen.

Das heißt nicht, dass Mutter oder Vater nicht sagen dürfen, wenn ihnen ein Freund oder eine Freundin des eigenen Kindes nicht gefällt. Sie sollten diese Person aber nicht grundsätzlich ablehnen, denn das würde das eigene Kind nur noch stärker an sie binden. „Mir gefallen die bunten Haare von Martina nicht sonderlich. Aber Haare sagen ja nichts über den Charakter aus, oder?" Ein solcher Satz gibt dem Kind die Möglichkeit, selbst kritisch über die Freundin nachzudenken.

Unterstützen Eltern besondere Interessen oder Begabungen ihres Jugendlichen, helfen sie ihm dabei, Selbstbewusstsein auf-zubauen. Dabei sollte es völlig egal sein, was das Kind macht. Ob Tennis oder Tanzen, Fußball oder Theater spielen, Musik machen oder Reiten, es ist **sein** Hobby und die Eltern sollten es nicht abwerten, weil ihnen etwas anderes besser gefallen würde.

4

Warum es schwer ist, Werte ohne „Drill" zu vermitteln

Befehle und drastische Strafen kommen für moderne Eltern nicht infrage. Sie brauchen Liebe und Überzeugungskraft und Partnerschaftlichkeit im Umgang mit ihren Kindern.

Die Familie ist keine einsame Insel

Bevor Kinder in die Schule kommen, haben sie schon jede Menge Bösartigkeiten, Betrügereien, Gewaltszenen, Morde und andere üble Dinge im Fernsehen gesehen. Dazu ist es noch nicht einmal nötig, die Kleinen ständig Actionfilme oder Krimis anschauen zu lassen. Schon in den Nachrichten, in den Schlagzeilen und auf den Titelbildern der Zeitungen und vieler Zeitschriften werden sie täglich mit Gewalt, Krieg und Kriminalität konfrontiert. Auch Menschenfeindlichkeit (z. B. Ausländer- und Asylantenproblematik) und Respektlosigkeit (z. B. von jungen gegenüber älteren Menschen) haben sie bereits miterlebt.

Angesichts einer solchen Umwelt ist es für Eltern ganz besonders wichtig, aber auch sehr schwer, ihren Kindern positive Werte für das soziale Zusammenleben beizubringen. Was sollen sie antworten, wenn ihr fünf- oder sechsjähriger Sprössling danach fragt, warum Menschen aufeinander schießen? Wie können sie ihrem Kind erklären, warum es selbst nicht zuschlagen soll, wenn sich andererseits die ganze Familie bei einem Film mit deftigen Prügeleien köstlich amüsiert?

Die Konsequenz kann nicht sein, das Kind vollständig von solchen Informationen und Bildern fern zu halten. Das ist auch kaum möglich. Kleine Kinder sollten keine Nachrichtensendungen im Fernsehen anschauen. Diese Meinung vertreten Medienpädagogen. Die Kleinen haben Schwierigkeiten, schlimme Nachrichten zu verarbeiten. Vorschulkinder hingegen verkraften auch Spielfilme schon ganz gut, meinen die Experten. Natürlich nur, wenn sie nicht zu aufregend sind.

 Kinder brauchen das **Vorbild der Eltern**. Daran können sie lernen, ein humanes Zusammenleben als ihre Sache zu betrachten, in kritischen Situationen mit ihren negativen Gefühlen klar zu kommen und sichere Entscheidungen zu treffen.

Angesichts der heutigen Informationsflut ist es für Kinder sehr wichtig, dass Erwachsene mit ihnen über das Gesehene oder Gehörte reden. Es gilt, das Kind damit nicht allein zu lassen. Dazu gehört, dass es mit seinen Fragen und Ängsten ernst genommen wird. Mütter und Väter sollten ihrem Sprössling nie sagen: „Dafür bis du noch zu klein" oder „Das verstehst du noch nicht". Damit fühlt es sich im Stich gelassen und nicht angenommen. Es ist aber kein Problem, wenn sie zugeben, einmal selbst etwas nicht verstanden zu haben oder etwas nicht zu wissen.

Die schwierige Frage nach der „richtigen" Erziehung

Problematisch für Mütter und Väter ist, dass sich viele Erziehungsvorstellungen aus der Vergangenheit als falsch erwiesen haben. Eine Pädagogik mit Zwang und Strenge hat ebenso wenig funktioniert wie eine mit völliger Freiheit, wie sie viele Eltern erlebt haben, die während der Welle der antiautoritären Erziehung Ende der 60er und in den 70er Jahren des 20. Jahrhunderts aufgewachsen sind. Viele Kinder wurden damals wie kleine Erwachsene behandelt. Sie durften tun und lassen, was sie wollten, in der Hoffnung, ohne jede Einschränkung würden sie sich einfach von selbst zu akzeptierten, glücklichen und integren Mitgliedern der Gesellschaft entwickeln. Doch das hat sich leider als falsch herausgestellt. Ein Kind ist kein kleiner Erwachsener, denn es muss sich erst entwickeln und lernen, lernen, lernen. Dazu braucht es die Hilfe von Erwachsenen. Zwei-, Drei- und Vierjährige sind überfordert, wenn sie ständig Entscheidungen treffen müssen. „Was möchtest du essen?", „Welche Sachen willst du anziehen?", „Willst du aus dem blauen oder aus dem roten Becher trinken?" usw. Natürlich kann man kleine Kinder an einfachen Entscheidungen beteiligen und ihren Wünschen so weit wie möglich entgegen kommen. Doch es sollte nicht zu viel werden und dem Alter und Entwicklungsstand angepasst sein.

Denn eines ist ganz sicher: Kinder brauchen vor allem Halt und Geborgenheit in der Familie. Sie brauchen klare Regeln und eindeutige Grenzen, gleichzeitig aber auch Freiräume und Freiheiten. Und sie brauchen das Gefühl, geliebt zu werden und wichtig zu sein. Nur so können sie moralische Werte verinnerlichen, moralisch integer werden und schließlich eigene Entscheidungen treffen.

Ihnen das alles im richtigen Maß zu geben, ist die größte Herausforderung des Elternseins. Eltern wollen gerecht sein, geduldig mit ihrem Sprössling umgehen und ihn mit Respekt behandeln. Doch in Situationen, in denen das Kind trotzig, wütend, traurig oder ängstlich ist, sind sie oft hilflos.

Empfehlenswert ist **der Mittelweg**: Weder ein zu lockerer noch ein zu strenger Erziehungsstil funktioniert. Das hat die Vergangenheit gezeigt. Die „goldene Mitte" kostet viel Kraft, lohnt sich aber.

Auch die negativen Gefühle der Kinder akzeptieren

Alle Eltern wünschen sich glückliche, fröhliche, gesunde Kinder. Leider sind die Kleinen das nicht immer, was oft nicht einsehbar ist. Z. B., wenn sich der Dreijährige im Supermarkt schreiend auf den Boden wirft, weil er kein Eis bekommt. Oder wenn die sonst so selbstständige Sechsjährige heult, wenn Mutter und Vater ins Theater oder ins Kino gehen. Dabei ist die Tochter nicht allein, weil die Oma oder eine Babysitterin da ist. Dies ist alles recht ärgerlich und nicht verwunderlich, wenn Mütter und Väter versuchen, die Situation schnell zu beenden.

Erziehungswissenschaftler haben in Studien verschiedene Reaktionsweisen von Eltern beobachtet, die nicht gut sind, weil das Kind dabei nicht lernen kann, mit seinen negativen Gefühlen umzugehen: Erstens die Ablenkung, bei der das Gefühl ignoriert wird. In dem Beispiel mit dem schreienden Dreijährigen wäre das die Antwort: „Wenn du jetzt ganz schnell still bist, gehen wir heute Nachmittag in den Zoo." Die Sechsjährige bekommt zu hören: „Sei nicht albern, du hast überhaupt keinen Grund, zu heulen."

Zweitens die Strafe, durch die die Gefühle missbilligt werden. Der trotzende Dreijährige wird ausgeschimpft. Falls er sich nicht sofort benimmt, werden ihm sogar „ein paar auf den Hosenboden" angedroht. Die heulende Sechsjährige wird getadelt nach dem Motto: „Du bist eine Egoistin und gönnst deinen Eltern gar nichts, schäme dich dafür."

Drittens die Unklarheit, durch die die Eltern die Gefühle wahrnehmen und Verständnis zeigen, ihrem Kind aber nicht helfen, weil sie keine klaren Grenzen setzen. Der Dreijährige bekommt womöglich sein Eis mit dem Vermerk: „Aber in Zukunft geht das nicht mehr so." Und der Sechsjährigen wird angeboten: „Wir spielen noch eine Viertelstunde miteinander, aber dann gehen wir", obwohl Mutter und Vater dann zu spät ins Kino oder ins Theater kommen.

Missachten Eltern negative Gefühle ihrer Kinder, können diese nicht lernen, selbst damit klar zu kommen. Sie erfahren nicht, dass Trauer, Wut und Angst genauso zum Leben gehören wie Freude oder Liebe. Weil ihre Gefühle ignoriert, abgelehnt oder nicht richtig gelenkt werden, lernen sie nicht, wie eminent wichtig es ist, damit umzugehen und beispielsweise nicht sofort zuzuschlagen, falls man in Wut gerät, sich selbst zu trösten, wenn gerade kein anderer da ist und sich nicht von einer Stimmung auffressen zu lassen, sondern möglichst rasch wieder zur Tagesordnung überzugehen. Was aber ist richtig?

Verständnis und klare Grenzen

Auch wenn es manchmal schwer fällt, die negativen Gefühle des Kindes zu ertragen – vielleicht weil man es selbst nie gelernt hat – tun Eltern das Beste für ihr Kind und machen es sich auf Dauer leichter, wenn sie

- die Gefühle ihres Kindes wahrnehmen: „Du bist jetzt sicher traurig / ärgerlich / wütend, weil du kein Eis bekommst, wir ohne dich ausgehen …",
- liebevoll, aber bestimmt Grenzen setzen: „Du kannst jetzt kein Eis haben, das verdirbt dir den Appetit." / „Wir können nicht länger da bleiben, denn wir haben versprochen, pünktlich bei unserer Verabredung zu sein",
- mitfühlend sind: „Es tut mir wirklich Leid, dass du so traurig bist, ich bin darüber auch traurig",
- eigene Gefühle zugeben: „Wenn du so wütend bist, macht mich das ärgerlich",
- dem Kind Strategien an die Hand geben, besser damit fertig zu werden: „Hast du Lust, mir nach dem Einkauf beim Kochen zu helfen? Lass uns überlegen, was wir morgen zusammen machen können, da sind wir abends alle zu Hause."

Wichtig dabei ist, dass Eltern ihr Kind seine negativen Gefühle ausleben lassen. D. h., dass sie es aushalten müssen, dass der Dreijährige ein paar Minuten kreischt oder dass die Sechsjährige weint. Es ist nicht sinnvoll, zu versuchen, diese Gefühle abzublocken.

Mehr Vertrauen in die Kinder

Alle Eltern lieben ihr Kind und wollen ihm Frustrationen und negative Erfahrungen ersparen. Hier kann man aber auch des Guten zu viel tun: Das Baby wird beim ersten zarten Muckser aus dem Bett genommen. Will es nicht sofort einschlafen, wird es stundenlang durchs Zimmer getragen oder mit dem Auto über die Autobahn gefahren. Das Anderthalbjährige wird beim Essen immer noch von der Mama gefüttert. Beim Spielen helfen Mama und Papa, die Bausteine aufeinander zu türmen, damit sich das Kleine nicht ärgert, weil es nicht gleich klappt. Der Fünfjährige wird noch vollständig angezogen und braucht nur die Füße auszustrecken: Schon kommen die Schuhe dran.

Aus Angst vor Verletzungen und Missgeschicken wird ein kleiner Draufgänger ständig ermahnt: „Pass auf, dass du nicht stürzt", „Nicht auf den Stuhl steigen, sonst fällst du runter", „Bleib von der Schaukel weg, damit du nicht umgeworfen wirst." Bemühungen des Kindes, im Haushalt zu helfen, werden damit zunichte gemacht, dass Mutter oder Vater sofort eingreifen, falls es nicht auf Anhieb klappt. Oder sie mahnen gleich: „Nimm nur einen Teller, zwei kannst du noch nicht tragen", oder „Räume nur das Besteck vom Tisch ab, die Gläser lässt du wahrscheinlich fallen."

Was hier gut gemeint ist, hat eine fatale Wirkung. Kinder, die dermaßen überbehütet aufwachsen, können weder Selbstvertrauen entwickeln noch lernen, jemals Verantwortung zu übernehmen oder eigene Entscheidungen zu treffen. Mit ihrer großen Fürsorge schränken Eltern ihr Kind mehr ein, als dass sie es fördern. Jeder Schritt nach vorn wird abgeblockt: „Das kannst du noch nicht, dafür bist du noch zu klein."

Das Kind wird dann häufig zum kleinen Tyrannen, der den Eltern bald auf der Nase herumtanzt, immerzu nur Forderungen stellt und ein Riesentheater veranstaltet, falls diese nicht erfüllt werden. Einfühlungsvermögen in die Lage anderer ist und bleibt ihm völlig fremd, so lange die Eltern seine Diener spielen. Rücksicht oder Selbstbeherrschung kann es nicht lernen, wenn dies nicht von ihm erwartet und gefordert wird.

Manche Kinder reagieren auf die Überbehütung auch gegenteilig. Sie verkriechen sich in sich selbst, werden ängstlich, extrem schüchtern und unselbständig. Sie geraten in Panik, wenn sie nur kurz von den Eltern getrennt werden, was oft Unverständnis und Ungeduld bei Mutter oder Vater auslöst. Solche Trennungsangst wirkt sich besonders dramatisch im Kindergarten und in der Schule aus.

Was für die soziale Entwicklung von großer Bedeutung ist – sich in eine Gruppe einordnen und dort den eigenen Platz finden und behaupten – können überbehütete Kinder nicht lernen. Dabei spielt es keine Rolle, ob sie besonders draufgängerisch oder besonders ängstlich sind.

Um ein Kind optimal zu fördern, muss es auch seinem Alter entsprechend **gefordert** werden. Es muss lernen, mit Frustrationen zurechtzukommen und muss die Erfahrung machen: „Wenn ich es noch einmal versuche, klappt es vielleicht." Dazu braucht es das Vertrauen der Eltern in seine Fähigkeiten.

Das Kind ausprobieren lassen

Mütter und Väter müssen es ertragen können, dass ihr Kind auch einmal leidet. Sie sollten bei seinen Bemühungen, etwas zu schaffen – egal ob das eine Bastelarbeit, ein Spiel, eine Turnübung oder das selbständige Anziehen ist – nur dann eingreifen, wenn es wirklich nicht allein damit zurechtkommt. Genauso sollten sie beim Umgang mit anderen Kindern nur dann eingreifen, wenn tatsächlich Gefahr für das eigene oder das andere Kind besteht. Je mehr Eltern ihrem Kind zutrauen und seine Fähigkeiten auch loben, desto mehr lernt es und desto sicherer fühlt es sich.

Die optimale Förderung ist nach Ansicht von Entwicklungspsychologen, immer ein klein wenig mehr zu erwarten als das Kind bereits kann. Nicht zu viel, das würde es überfordern und entmutigen. Aber auch nicht zu wenig, das würde es unterfordern und auf die Dauer langweilen.

Kinder in die Verantwortung nehmen

Manchmal wurde den Eltern in der Kindheit zu viel Verantwortung aufgebürdet, die sie dem eigenen Kind ersparen möchten. Vielleicht hatten sie zu viele Aufgaben im Haushalt, für die sie eigentlich noch zu jung waren, wurden aber geschimpft, weil sie diese nicht richtig erfüllen konnten. Diesen Druck und die permanente Angst vor Strafen möchten sie nicht an ihr Kind weitergeben. Deshalb wird ihm überhaupt nichts zugemutet oder vorgeschrieben. Es soll frei sein, selbst entscheiden können, was es tun will.

Mag es sein Spielzeug wegräumen, okay. Wenn nicht, dann macht es die Mutter. Mag es den Tisch decken – schön. Hat es aber keine Lust mehr, sobald ein Teller da steht, braucht es nicht weiter zu machen. Die Mutter oder der Vater packt die Kindergartentasche, später die Schultasche und sorgt dafür, dass beim Ausflug die Lieblingspuppe dabei ist und dass die schmutzige Jeans in den Wäschekorb kommt. Und natürlich machen die Eltern den Käfig des Meerschweinchens sauber und kümmern sich um Futter für das Tier, obwohl die Kinder versprochen haben, sie würden sich darum kümmern, wenn sie nur eines haben dürften.

Aber um das Kind nur ja nicht unter Druck zu setzen, verlangen solche Eltern einfach zu wenig von ihm. Es hat gar keine Chance, Verantwortung zu lernen.

Konsequenzen spüren lassen

Anderen Eltern ist es lästig, immer hinter den Kindern herzuräumen und alles für sie erledigen zu müssen. Sie tun es aber trotzdem. Ihr Problem liegt darin, dass sie nicht wissen, wie sie es anders machen sollen. „Was soll ich denn tun, wenn meine Tochter ihr Zimmer nicht aufräumt? Ich kann sie doch nicht verprügeln?" Nein, das wäre wirklich nicht das richtige Mittel, um einem Kind Verantwortung beizubringen. Doch wenn Mutter oder Vater es keine Konsequenzen spüren lassen, kann es das ebenso wenig lernen. Und es wird wahrscheinlich sehr egoistisch werden.

Letztlich sind Kinder stolz darauf, wenn sie eine Aufgabe bewältigt haben. Je jünger sie sind, desto mehr Unterstützung und Anschub brauchen sie dabei. Lernen sie von Anfang an, die Konsequenzen für ihr Handeln zu tragen, begreifen sie am schnellsten, worum es geht.

Schon ein Zwei- oder Dreijähriger kann sich daran halten, wenn es beispielsweise heißt: „Neues Spielzeug gibt es erst, wenn das Alte weggeräumt ist." Oder: „Nach draußen gehen kommt nur in Frage, wenn du Schuhe und Jacke angezogen hast." Ein Schulkind, das seinen Ranzen nicht packt, muss eben ohne ein bestimmtes Heft oder Buch in die Schule gehen. Beim nächsten Mal wird es rechtzeitig daran denken.

Es ist klar, dass konsequentes Verhalten von den Eltern Geduld und Nerven erfordern. Sie müssen ihrem Kind Zeit lassen, seine Aufgaben zu erledigen und sie sollten ihm zugestehen, dass es sich wehrt, meckert oder weint. Auch Fehlschläge und Pannen sollten sie akzeptieren können und ihr Kind beim „Ausbaden" größerer „Katastrophen" weiterhin unterstützen.

Damit es in der Familie demokratisch zugeht

Ein sehr strenger oder der Laisser-faire-Erziehungsstil ist für Eltern vermutlich etwas einfacher als ein demokratischer Stil. Entweder sie bestimmen, wo es lang geht und dulden keinen Widerspruch. Oder sie lassen einfach alles laufen und kümmern sich nicht weiter darum. In vielen Familien ist das heute anders. Mütter und Väter möchten ihre Kinder demokratisch erziehen. Sie wollen Söhne und Töchter zu Wort kommen lassen, ihnen ein gewisses Mitspracherecht einräumen, ihre Meinung anhören und nach Möglichkeit gelten lassen. Dies ist ein guter Vorsatz, der aber in der Praxis nicht immer leicht durchzuhalten ist.

Machtkämpfe vermeiden und Konflikte austragen

Kinder sehen die Dinge häufig vollkommen anders als ihre Eltern. Sie halten beispielsweise Schlafenszeiten für angebracht, die den Eltern nur ein entsetztes Kopfschütteln entlocken. Oder sie betrachten ihr Zimmer als aufgeräumt, während es die Mutter als chaotisches Schlachtfeld sieht. Ihre Hausaufgaben halten sie für präzise erledigt, obwohl sie in den Augen der Eltern hingeschmiert und unvollständig sind. Solche Situationen beschwören Konflikte herauf. Sie können sich zu regelrechten Machtkämpfen auswachsen, an deren Ende oft Tränen fließen und alle Beteiligten unglücklich und gekränkt sind.

Viele Eltern empfinden das als ausgesprochen belastend. Sie wollen nicht mit ihrem Kind streiten. Oft haben sie selbst als Kind darunter gelitten, dass Konflikte immer in der Familie mit einem autoritären Machtwort von Mutter oder Vater beendet wurden. Oder sie wurden überhaupt nicht akzeptiert und Meinungsverschiedenheiten wurden immer sofort „unter den Teppich gekehrt", weil es harmonisch zugehen musste und keiner aufbegehren durfte. Deshalb haben viele Erwachsene nie gelernt, Konflikte auszutragen. Die Gefahr ist groß, bei den eigenen Kindern wieder in dieselben Muster zu verfallen, die man selbst erlebt hat.

Konflikte auszutragen heißt aber nicht, dass man miteinander böse ist. Einander aufmerksam zuzuhören kann die Lage schon entschärfen. Ein Kind, das keinen Widerstand spürt, läuft mit seinem Problem ins Leere. Kinder brauchen jedoch den Halt, sie brauchen die Auseinandersetzung und sie brauchen Grenzen, um sich orientieren zu können.

Richtig streiten

Als Erstes ist es wichtig, zu akzeptieren, dass Reibereien zum ganz normalen Zusammenleben in der Gemeinschaft gehören. Jeder hat eigene Bedürfnisse, Wünsche und Vorstellungen, die sich mehr oder weniger oft von denen seiner Mitmenschen unterscheiden. Um einen Konsens zu finden, mit dem alle leben können, ist es notwendig, sich darüber auszutauschen, zu verhandeln und Kompromisse zu schließen.

Konflikte können also am besten ausgetragen und gelöst werden, wenn man miteinander redet. Da kann es auch einmal etwas heftiger zugehen. Doch um Kränkungen und Verletzungen zu vermeiden, gibt es einige Spielregeln, an die sich auch Eltern ihren Kindern gegenüber halten sollten:

- Jeder braucht die Möglichkeit, seine Sicht der Dinge zu erklären. D.h., um einen Konflikt richtig anzugehen, braucht man Zeit. Jeder darf ausreden und die anderen hören ihm zu.
- Am besten führt man solche Gespräche nicht in der „Hitze des ersten Gefechts", sondern setzt sich zusammen, wenn die stärksten Emotionen nachgelassen haben und der erste Zorn verraucht ist.
- Jeder sollte offen – aber in akzeptablem Ton – sagen können, warum er aufgebracht ist oder etwas für falsch hält. Das setzt voraus, dass man nicht sofort beleidigt ist oder zum Gegenangriff übergeht, falls man kritisiert wird.
- Jeder sollte Vorschläge machen, wie der Konflikt aus der Welt geschafft werden kann. Das bedeutet aber auch, dass jeder bereit ist, ein Stück von seiner Meinung abzurücken, falls ein überzeugender Vorschlag gemacht wird.
- Müssen Eltern ihrem Kind etwas verbieten, z.B. aus Sicherheitsgründen, sollten sie begründen, warum das notwendig ist. Danach sollten aber keine Kompromisse mehr möglich sein. Deshalb ist es wichtig, bei Verboten genau zu durchdenken, ob sie wirklich nötig sind.

- Neue Spielregeln in der Familie sollten immer so einge-
führt werden, dass gleichzeitig Konsequenzen vereinbart
werden, falls sich einer nicht daran hält. Das müssen natürlich Konsequenzen sein, die sich auch durchführen und
durchhalten lassen.

Versucht man, so mit Konflikten umzugehen – was sicher
nicht auf Anhieb und nicht immer klappt, weil oft der Ärger
und die Wut zu heftig sind –, fühlen sich Kinder nicht zurück-
gesetzt und Eltern nicht hilflos. Auch jüngere Geschwister
spüren, dass sie ernst genommen werden. Alle erfahren, was es
heißt, respektiert zu werden, und lernen, die anderen zu respektieren.

Kindern Grenzen setzen

Es gehört heute zu den größten Schwierigkeiten von Eltern,
ihren Kindern die richtigen Grenzen zu setzen. Vermutlich ist
diese Unsicherheit im Mangel an eigenen positiven Erfahrungen begründet. Den Eltern wurden häufig in der eigenen Kindheit zu wenig oder zu unklare Grenzen gesetzt (selten auch zu
enge). Die Großelterngeneration hatte ja gerade gegen das
starre Reglement von Benimmregeln und die Missachtung von
Kinderbedürfnissen aufbegehrt. Der Nachwuchs wurde teil-
weise zu locker erzogen. Gutes Benehmen war in vielen Kreisen
total „out". Kinder sollten nicht zu angepassten Duckmäusern
erzogen werden. Erwachsene sind sofort verstummt, wenn der
Nachwuchs etwas zu sagen hatte. Die Kleinen durften oder
sollten sich ruhig schmutzig machen. Das Herumtoben in Res-
taurants, im Wartezimmer beim Arzt, auf dem Bahnhof oder im
Flughafen, galt als kindgemäß und musste toleriert werden.
Feine Manieren galten dagegen in vielen Familien als rückstän-
dig und spießig.

Heute sehen Eltern das anders. Gutes Benehmen steht für sie
an oberster Stelle der Erziehungsziele, wie die anfangs zitierten
Umfragen gezeigt haben. Trotzdem sollen Kinder sich mög-

lichst frei entwickeln können, dürfen ihrer Lebenslust lautstark Ausdruck verleihen und sie dürfen bestimmen, was sie anziehen oder essen wollen. Das ist auch gut so. Kinder brauchen für ihre gesunde Entwicklung Freiräume, daran besteht kein Zweifel. Aber, so hat es die Leiterin einer Erziehungsberatungsstelle einmal treffend ausgedrückt: Auch Frei-Räume sind Räume. Und Räume haben Grenzen.

Eltern, die ihren Kindern diese Grenzen nicht deutlich aufzeigen, tun weder sich noch ihrem Nachwuchs einen Gefallen: *sich nicht*, weil das Kind auf der verzweifelten Suche nach seinen Grenzen immer unerträglicher wird. Es ist frech, flippt aus, kommt aus dem Trotzalter nicht heraus, macht Sachen kaputt, stellt Forderungen und prügelt sich mit anderen Kindern. Oder es zieht sich vollkommen in sich selbst zurück, reagiert auf keinerlei Anregungen, findet alles blöd und langweilig. *Und dem Kind nicht*, weil Kinder, die so außer Rand und Band geraten oder gelangweilt sind, sich furchtbar unglücklich fühlen. Sie fühlen sich in diesem „Frei-Raum" verloren, ohne Boden unter den Füßen, schutzlos und ausgeliefert. Das schadet ihrer Entwicklung zu einem selbstbewussten und selbstständigen Erwachsenen enorm.

Ein „Nein" muss ein „Nein" bleiben

Beim Grenzensetzen geht es vielen Eltern ähnlich wie beim Austragen von Konflikten. Sie scheuen Geschrei und Auseinandersetzungen. Ohne dies geht es aber nur selten, denn es liegt in der Natur von Kindern, dass sie ihre Grenzen immer wieder neu ausloten. Um wirklich sicher zu sein, ob sie schon an einem Endpunkt angelangt sind, wehren sie sich. Nur wenn dieser Punkt wirklich fest bleibt, akzeptieren sie ihn als Grenze. Deshalb ist es so wichtig, dass Eltern konsequent sind. Dass ein „Nein" auch ein „Nein" bleibt und nicht aufgehoben wird, nur weil das Kind loskreischt. Völlig verunsichert werden Kinder, wenn den Eltern etwas an einem Tag wichtig ist, sie es an einem anderen aber viel lockerer sehen. Voraussetzung für vernünftige

„Neins" und sinnvolle Grenzen ist, nur solche Ver- und Gebote auszusprechen oder solche Konsequenzen auszuhandeln, die auch auf Dauer durchzuhalten sind. Nur dann kann sich das Kind an diesen Regeln orientieren und sein Vertrauen in sich und die Eltern festigen.

5 Von Achtung bis Zivilcourage: Wichtige Werte für Kinder

Jede Familie hat ihre eigenen moralischen Grundsätze. Einige Tugenden sollten jedoch für alle Menschen gelten und gleich wichtig sein.

Achtung und Respekt

Achtung und Respekt sind die Basis aller Werte im menschlichen Zusammenleben. Nur wer Achtung vor der Würde jedes anderen Menschen hat, ist in der Lage, auch andere Werte zu verinnerlichen. Achtung heißt, den anderen so zu respektieren, wie er ist, mit seinen Vorzügen, aber auch mit seinen Schwächen und Fehlern und ihm eigene Rechte und Bedürfnisse zuzugestehen.

Die wichtigste Voraussetzung dafür, dass ein Mensch andere Menschen achtet und respektiert, ist die **Achtung** vor sich selbst. Wer überzeugt ist, selbst etwas Wert zu sein, etwas zu können, anderen etwas zu bedeuten und gleichzeitig eigene Schwächen akzeptiert, kann dieses Gefühl auch anderen Menschen entgegenbringen.

Das Fundament für Selbstachtung wird in der frühesten Kindheit gelegt. Erfährt schon das Baby, dass es von seinen Eltern wirklich geliebt und nicht als lästig oder störend empfunden wird, bekommt es Vertrauen zu sich selbst und zu seiner Umwelt.

Achtung beruht auf Gegenseitigkeit

Achtung und Respekt sind keine einseitigen Werte. Sie beruhen auf Gegenseitigkeit. Das bedeutet für Eltern, dass sie ihr Kind mit Achtung behandeln, seine Bedürfnisse wahrnehmen und erfüllen sollen. Gleichzeitig haben sie aber das Recht (und sogar die Pflicht), von ihrem Kind ebenfalls Achtung zu erwarten und zu fordern. Hier ein paar Beispiele für diese Wechselwirkung:

Die elf Monate alte Claudia sitzt mit Rassel, Bausteinen, zwei Bilderbüchern und ihrem Lieblingsteddy im Wohnzimmer im Laufstall. Ihre Mutter steht in der Küche und bereitet das Mittagessen vor. Nach ein paar Minuten zieht sich Claudia an den Gitterstäben hoch und beginnt zu jammern. Ihre Mutter weiß, dass ihr jetzt langweilig ist. Die Kleine will, dass Mama kommt, sie hochnimmt oder mit ihr spielt. Es ist ganz klar, dass sich in diesem Moment die Wünsche von Mutter und Kind widersprechen. Das Kind will unterhalten werden, die Mutter möchte das Essen machen. Doch Claudias Mutter findet einen recht guten Kompromiss: Sie ruft: „Hallo, mein Schatz, dir ist wohl langweilig?" Claudia reckt die Ärmchen und macht: „Da da da da." „Mama stellt nur noch die Suppe auf den Herd, dann kommt sie zu dir. Schau doch so lange noch das hübsche Bilderbuch an, das du hast", ruft die Mutter. Claudia lässt sich wieder hinplumpsen, entdeckt ihre Rassel und scheppert ein wenig damit herum. Fünf Minuten später kommt die Mutter, streichelt die Kleine, nimmt den Teddy und lässt ihn zu ihrer Tochter sagen: „Du, liebe Claudia, deine Mama muss noch ein wenig in der Küche arbeiten, damit es bald was Feines zu essen gibt. Danach hat sie wieder Zeit für dich." Claudia lacht und gluckst, denn solche Spiele liebt sie besonders. Sie nimmt den Teddy und plaudert noch eine Weile mit ihm. Die Mutter kann zu ihrer Arbeit zurückgehen.

In dieser Situation ist das ein guter Mittelweg zwischen ihrem Bedürfnis und dem ihres Kindes. Sie nimmt die Kleine ernst, spricht mit ihr, geht kurz zu ihr und wartet nicht, bis sie losbrüllt. Sie macht ihr aber klar, dass sie jetzt keine Zeit hat, sie hochzunehmen.

Auch kleine Wünsche zählen

„Mama, wo ist meine Petzi-CD? Die möchte ich jetzt hören." Der vierjährige Julian platzt mitten ins Gespräch seiner Mutter mit einer Nachbarin. „Sie liegt neben dem CD-Player auf der Kommode", unterbricht die Mutter ihr Gespräch kurz. Schon ist Julian wieder verschwunden. Kinder dürfen heute bei Erwachsenengesprächen stören. Das ist auch gut so. Trotzdem passiert es Eltern gerade in solchen Situationen oft genug, dass sie entweder überhaupt nicht reagieren oder das Kind ungehalten auf später verweisen. Kleine Kinder können jedoch noch nicht warten. Sie leben spontan und sind oft ungestüm. Ihr Anliegen ist für sie enorm wichtig und duldet in ihren Augen keinen Aufschub. Meistens sind sie ja auch mit einer Miniauskunft sofort zufrieden. Haben sie die bekommen, spüren sie die Achtung, die dahinter steckt. Sie müssen dann gar nicht ständig ankommen und das Gespräch der Erwachsenen unterbrechen. Das sollte man auch nicht dulden. Normalerweise tun Kinder das nicht, wenn sie insgesamt genügend Aufmerksamkeit erhalten, sich nicht abgeschoben fühlen und kleine Wünsche schnell befriedigt werden. Dann können schon Vier- und Fünfjährige respektieren, dass Erwachsene auch eigene Interessen haben und manchmal nicht unterbrochen werden wollen.

Kraftausdrücke nicht zu ernst nehmen

Schimpfwörter sind ein schwieriges Kapitel für fast alle Eltern. Haben sie doch schon einige Jahre lang versucht, ihr Kind zu gegenseitiger Achtung zu erziehen und ihm diese auch entgegengebracht.

> Der kleine Max geht seit ein paar Wochen in den Kindergarten. Wenn er nach Hause kommt, betitelt er seine Mutter öfter mal als „blöde Ziege". Oder er sagt zur kleinen Schwester „Kackwurst" und zieht über Spielkameraden her, indem er sie unflätig beschimpft. Seine Mutter ist ehrlich entsetzt. Sie schimpft: „Das will ich nie wieder von dir hören!"

Tröstlich mag sein, dass Entwicklungspsychologen das erste Auftreten von Kraftausdrücken als völlig harmlos bezeichnen. Sie haben sogar festgestellt, dass es zur Entwicklung des Selbstbewusstseins dazu gehört. Kindergartenkinder sind einfach fasziniert von diesen Wörtern, ohne zu wissen, was sie bedeuten und was man damit anrichten kann. Was sie so spannend macht: Sie klingen gut, sind völlig neu und man kann ganz erstaunliche Reaktionen damit auslösen.

Eltern müssen sich also keine Vorwürfe machen, wenn ihr Kind zum ersten Mal „Scheiße", „blöde Kuh" oder „dummer Wichser" sagt. Ihre bisherige Erziehung hat nicht versagt. Dennoch kann man als Erzieher nicht einfach darüber hinweg gehen. Denn Kinder müssen möglichst früh lernen, dass sie mit Schimpfwörtern ihre Mitmenschen kränken, dass sie ihre Würde verletzen. Bei einem Dreijährigen mag es ja noch ganz niedlich klingen und zum Lachen reizen. Doch einem Zehnjährigen nehmen es Viele übel, wenn er so redet.

Schimpfen oder Strafen richtet dabei allerdings meistens wenig aus. Je ruhiger und sachlicher Mütter und Väter darauf reagieren, desto wirkungsvoller ist es. Ein Drei- oder Vierjähriger kann es schon akzeptieren, wenn man ihm sagt: „Das ist ein schlimmes Wort, in unserer Familie wird das nicht benutzt."

Schulkinder, denen bewusst ist, dass sie Kraftausdrücke als Kampfmittel einsetzen können, kommen eher ins Grübeln, wenn man sie fragt: „Würdest du es toll finden, wenn andere dich Stinkfinger nennen würden?" Man kann sie auch Konsequenzen spüren lassen, wie eine Mutter, die ihrer elfjährigen Tochter klar machte: „Eine dumme Sau kann nicht kochen. Nennst du mich weiter so, kann ich dir nichts zu essen machen." Allerdings muss man solche Drohungen auch umsetzen, sonst sind sie wirkungslos.

Den Geschmack des Kindes tolerieren

„Ich bin fast vom Stuhl gefallen, als meine 16-jährige Eva mit grellbunten Haaren vom Friseur kam. Am liebsten hätte ich sie auf der Stelle zurückgeschickt, um alles rückgängig machen zu lassen", erzählt eine Mutter. Befinden sich die Kinder in der Pubertät, gerät die gegenseitige Achtung oft auch in Familien in die Krise, bei denen bisher die Verständigung recht gut geklappt hat. Kein Wunder, denn pubertierende Jugendliche legen oft von heute auf morgen schlechte Manieren an den Tag, provozieren ihre Eltern und sind so unverschämt und rücksichtslos, dass sich Mütter und Väter extrem schwer tun, Ruhe zu bewahren. Von Achtung und Respekt den Eltern gegenüber ist nichts mehr zu spüren.

Eltern sollten sich klar machen, dass das Einüben von Unabhängigkeit, die Bestrebungen, sich abzulösen und erwachsen zu werden, fast immer mit Exzessen einhergehen. Wie war es denn in der eigenen Jugend? Wenn man sich – vielleicht sogar gemeinsam mit dem Kind – daran erinnert, kann das helfen, den Gesprächsfaden wieder aufzunehmen.

Zwang und Druck nützen in dieser Phase überhaupt nichts. Den Respekt autoritär einzufordern, endet höchstens in einem Machtkampf, bei dem beide verlieren: „Wenn du dermaßen herumpöbelst, lasse ich dich nicht mit ins Skilager fahren." „Dann fahr ich einfach heimlich oder hau überhaupt von zu Hause ab."

Trotzdem können und dürfen sich Eltern natürlich nicht alles gefallen lassen. Sie sollten ihrem Teenie ruhig und unmissverständlich sagen, dass er sie mit seinem Verhalten kränkt. Sind die Fronten noch nicht verhärtet, wird er das wahrscheinlich als Stoppschild akzeptieren und sich zumindest bemühen. Ein Zeichen von Achtung ist es auch, den Standpunkt des „Revoluzzers" anzuhören und abzuwägen. Es bringt nichts, alles pauschal abzuwehren mit dem Vermerk: „Du bist ja völlig verrückt, das kommt überhaupt nicht infrage."

Die Spielregeln in der Familie immer wieder neu zu verhandeln – unter Einbeziehung der Argumente des Kindes –, stellt sicher, dass man miteinander im konstruktiven Gespräch bleibt. Modische Eigenheiten sollten respektiert werden, auch wenn sie den Eltern nicht gefallen. Tun Eltern das, wird ihr Kind auch eher bereit sein, sich einmal ihnen zuliebe „nett" anzuziehen.

Ehrlichkeit

Alle Menschen schätzen Ehrlichkeit. Niemand möchte belogen werden. Vor allem Eltern nicht von ihren Kindern. Sohn oder Tochter sollen aufrichtig sein, nicht lügen und zugeben, wenn sie etwas angestellt haben. Ehrlichkeit ist eine tragende Säule für Vertrauen. Wer beim Lügen erwischt wird, dem glaubt man nicht mehr, dem kann man kein Vertrauen entgegen bringen. In der Praxis stellt sich Ehrlichkeit gerade im Zusammenleben mit Kindern oft als Problem heraus. Das hängt mit der Entwicklung der Kinder zusammen.

Eltern sind meistens furchtbar enttäuscht oder entsetzt, wenn sie ihr Kind zum ersten Mal bei einer Lüge ertappen: „Ich war's nicht, das war die Katze", behauptet beispielsweise der dreijährige Lukas angesichts der umgekippten Kakaotasse auf dem Tisch. Lügt das Kind?

Lukas hat zwei triftige Gründe für seine Aussage: Er weiß bereits, dass es die Mutter nicht freut, wenn etwas auf dem Tisch verschüttet wird. Er hat sie dann schon öfter schimpfen gehört: „Kannst du denn nicht besser aufpassen?" und er will nicht, dass seine Mutter böse auf ihn ist. Der zweite Grund ist, dass er sich nichts mehr wünscht, als es tatsächlich nicht gewesen zu sein. Seine blühende Fantasie kommt ihm zu Hilfe, die ihm sagt, die Katze könne die Tasse vom Tisch geschubst haben – damit ist er sein Problem los. Ob tatsächlich eine Katze im Haus ist, spielt in diesem Moment keine Rolle. Denn ungefähr bis zum Schulalter vermischen Kinder Fantasie und Realität. Was sie sich wünschen oder vorstellen, ist für sie real.

Lüge ist nicht gleich Lüge. Bis ins Schulalter, so wissen Entwicklungspsychologen, ist ein Kind gar nicht in der Lage, im Sinne der Erwachsenen zu lügen. Diese moralische Vorstellung ist für die Kleinen zu abstrakt. Trotzdem können Mütter und Väter bereits ihre Zwei- und Dreijährigen bei eindeutigen Unwahrheiten ertappen.

Verständnis für Missgeschicke aufbringen

Um ihr Kind zur Ehrlichkeit zu erziehen, müsste die Mutter folgendermaßen reagieren: „Ich glaube schon, dass du es warst. Weißt du, es kann ja mal passieren, dass einem die Tasse umfällt. Ist mir auch schon passiert. Du kannst es mir ruhig sagen, wenn irgendetwas schief geht, ich helfe dir dann. Am besten holst du jetzt den Lappen und wir machen gemeinsam sauber." So lernt das Kind, dass es auch akzeptiert wird, wenn es etwas falsch macht und auch dann mit Hilfe rechnen kann.

Auch wenn Kinder ab dem sechsten Lebensjahr ganz bewusst lügen, haben sie – aus ihrer Sicht – meistens gute Gründe dafür:

- Der häufigste Grund ist Angst vor Strafe. Eltern können sich viele Lügen ihrer Kinder ersparen, wenn sie nicht sofort strafen oder schimpfen, wenn das Kind etwas angestellt hat und das zugibt. Das heißt nicht, dass sie jeden Unsinn gut finden müssen. Doch sie sollten Ruhe bewahren und den kleinen Übeltäter nicht als böse oder unfähig beschimpfen, sondern ihm erklären, warum das, was er getan hat, nicht in Ordnung ist und ihm Hilfe oder Ideen anbieten, wie er den Schaden wieder gutmachen kann.

- Ebenfalls nicht selten sind Lügen aufgrund mangelnden Selbstbewusstseins. Fühlt sich ein Kind minderwertig, kann es sich in der Gruppe nicht durchsetzen oder genießt es dort kein hohes Ansehen, schmückt es sich mit Besitztümern oder Freunden, mit tollen Fähigkeiten oder besonderen Eigenschaften der Eltern. So versucht es, mehr Anerkennung zu bekommen. Eltern können ihrem Kind zu mehr Wahrhaftigkeit verhelfen, indem sie sein Selbstwertgefühl stärken, es häufiger loben und seine Fähigkeiten herausstellen, anstatt sein Unvermögen zu kritisieren. Wichtig ist auch, dass sie seine Selbständigkeit unterstützen: „Toll, dass du das schon kannst."

- Häufige Gründe für Lügen bei Kindern sind auch Loyalitätskonflikte, z. B. bei der Scheidung der Eltern. Wichtig ist dann, dass Mutter und Vater das Kind nicht als Zankapfel oder Schiedsrichter missbrauchen. Fühlt es sich trotz der Trennung von beiden angenommen und schimpft nicht ein Elternteil auf den anderen, braucht das Kind beide nicht anzuschwindeln.

Selbst bei der Wahrheit bleiben

Ein ganz anderer, aber wesentlicher Aspekt bei der Erziehung zur Ehrlichkeit ist Folgender: Kinder wachsen in einer Umgebung voller Lügen auf. Sie erleben täglich, dass die Erwachsenen um sie herum nicht die Wahrheit sagen. Natürlich gibt es

Lügen, die für ein friedliches Miteinander manchmal notwendig sind. Wir lügen aus Höflichkeit, Rücksichtnahme, Scham, Desinteresse, Bequemlichkeit oder Mitleid. „Mama, der Mann sieht aus wie ein Affe." Niemand möchte, dass ein Kind lauthals in der Straßenbahn so etwas sagt. Auch wenn der stark behaarte Mann tatsächlich an einen Primaten erinnert. „Oma, du wirst sicher bald sterben, weil du schon so alt bist." Verständlich, dass jede Mutter und jeder Vater seinem Kind beibringen möchte, so etwas nicht zu sagen. Auch wenn es ehrlich ist.

Man muss den Kindern plausibel machen, dass man Menschen, die fremdartig, nicht so schön oder krank aussehen, verletzen würde, wenn man sie darauf anspräche. Und wer möchte, dass sein Kind ehrlich bleibt, sollte sich nicht verleiten lassen, ihm solche Aufträge zu erteilen: „Geh bitte ans Telefon. Wenn es die Frau Meier ist, sag ihr, ich bin nicht da."

Überhaupt sollten Eltern einmal ganz kritisch ihren eigenen Umgang mit der Wahrheit überprüfen. Auch die folgende Reaktion der Mutter einer Sechsjährigen ist für das Kind nicht nachvollziehbar: „Dass sie ihr Fahrrad kaputt gemacht hat, verzeihe ich ihr ja noch. Aber dass sie mich deshalb angelogen hat, nehme ich ihr übel. Dafür habe ich sie bestraft."

Empathie

Alle moralischen Werte sind für ein möglichst reibungsloses Zusammenleben in der Gemeinschaft notwendig. Denn es geht dabei letztlich immer darum, sich selbst zu behaupten und gleichzeitig den anderen „nicht wehzutun".

Dabei hilft eine ganz besondere menschliche Eigenschaft: die Empathie. Das ist die Fähigkeit, „sich in einen anderen Menschen hineinzuversetzen, seine Gefühle zu teilen und sich damit über sein Verstehen und Handeln klar zu werden". So drückt es ein Lexikon aus.

Empathie ist mehr als einfaches Einfühlungsvermögen. Sie ist gleichzeitig Anteilnahme, Einfühlungsvermögen und gegenseitiges Verstehen. Einem empathischen Menschen gelingt es, auch die Perspektive eines ihm fremden Menschen einzunehmen und so seine Gefühle und Reaktionen zu begreifen.

Wer dies kann und auch tut, ist zutiefst menschlich. Er wird niemandem etwas Böses tun, weil er nach dem Motto fühlt und handelt: Was du nicht willst, dass man dir tu', das füg' auch keinem andern zu. Das hat aber nichts damit zu tun, sich selbst aufzugeben oder allzu sehr anzupassen.

Mehr als alles andere setzt die Fähigkeit zur Empathie voraus, dass ein Mensch sich selbst anerkennt, mag und akzeptiert. Dass er eine eigenständige und souveräne Persönlichkeit ist. Das heißt für Eltern: Je mehr sie das Selbstvertrauen und Selbstbewusstsein ihres Kindes stärken, umso besser sind die Voraussetzungen dafür, dass es Empathie entwickeln kann.

Wie sich die Empathie entwickelt, haben Forscher herausgefunden. In Untersuchungen wurden Ein- bis Zweijährige spielerisch mit Notsituationen Gleichaltriger konfrontiert – ein Spielzeug ist kaputtgegangen oder beim Essen ein Löffel abgebrochen. Das Ergebnis war: Nur solche Kinder, die sich bereits sicher als eigenständige Wesen wahrnehmen konnten, haben empathisch reagiert. Sie haben versucht, dem anderen Kind zu helfen und den eigenen Löffel mit ihm geteilt, damit es weiter essen kann oder versucht, das Spielzeug zu reparieren. Sie haben sich in das Problem des anderen Kindes hineinversetzen können. Das gelingt ab dem zweiten Geburtstag. Dann erkennen sich Kinder selbst im Spiegel, was sich mit dem Rougetest feststellen lässt: Ein Kind mit einem Rougefleck im Gesicht wird auf das Gesicht im Spiegel fassen, so lange es sich selbst noch nicht erkennt. Fasst es aber beim Blick in den Spiegel ins eigene Gesicht, um den Fleck zu entfernen, steht fest: Es erkennt sich selbst. Das ist um den zweiten Geburtstag herum der Fall.

Was können Eltern tun, um die Empathie bei ihrem Kind zu fördern? Ihm selbst und anderen Menschen mit Einfühlungsvermögen, Anteilnahme und Verständnis begegnen. Denn diese Fähigkeit und solches Verhalten bekommt und behält ein Kind in hohem Maße durch Vorbilder in seiner Umwelt.

Friedfertigkeit

Zehnjährige überfallen Klassenkameraden. Verletzte nach Prügelei auf dem Schulhof. Kinder-Gang geht auf Raubzug. 14-Jährige pöbeln Mutter mit Kinderwagen auf der Straße an und kratzen dem Kleinen das Gesicht blutig. 15-Jähriger ersticht nach einem Streit seinen Freund. Solche Horrormeldungen sind heute fast täglich in der Zeitung zu lesen. Und Untersuchungen bestätigen immer wieder, dass der Hang zu Gewalt und Aggressivität unter Kindern und Jugendlichen zunimmt. Deshalb ist es vielen Eltern besonders wichtig, ihre Kinder zu friedfertigen Menschen zu erziehen. Sie wollen, dass diese ohne Aggression und Gewalt mit anderen zusammenleben können. Der Weg dahin ist gar nicht so einfach, wie einige Beispiele zeigen.

Jungen schießen nun mal gern

„Mein Sohn bekommt garantiert niemals eine Spielzeugwaffe. Ich finde das fürchterlich", sagt die Mutter eines Zweijährigen angesichts „Cowboy und Indianer" spielender Fünfjähriger auf einem Spielplatz. „Peng, peng", ruft eines der Kinder. „Du musst umfallen, ich habe dich getroffen." „Angriff! Auf sie! Macht die Feinde nieder!" Mit erhitzten Gesichtern toben die kleinen Jungs über die Wiese, werfen sich gegenseitig um und bilden ein wildes, rangelndes Knäuel. Als sie wieder alle auf den Füßen sind, ruft einer: „Jetzt sind wir aber mal die Angreifer und ihr müsst euch von uns besiegen lassen."

Kinder auf dem Weg zur Friedfertigkeit? Durchaus! Diese Fünfjährigen spielen vollkommen altersgemäß. Sie toben sich aus und setzen ihren Körper dabei voll ein. Das hat nichts mit böser Aggression zu tun. Ohnehin ist Aggression nichts Böses, sondern eine natürliche und wichtige Eigenschaft des Menschen. Psychologen erklären das so: Die Aggression ist unsere Antriebskraft, mit der wir für die eigenen Interessen und Rechte eintreten und uns durchsetzen. Erst wenn dies auf Kosten anderer geschieht oder andere dadurch geschädigt werden, wird etwas Negatives daraus. Es macht also wenig Sinn, die Aggression aus der Erziehung völlig auszuklammern – was auch kaum gelingen wird – oder sie generell zu verteufeln. Vielmehr sollte das Ziel heißen, dem Kind beizubringen, mit seinen Aggressionen „friedlich" umzugehen und sie zu kontrollieren.

Spielen kleine Kinder **Rauf- und Schießspiele**, heißt das nicht, dass sie zu Gewalttätigkeiten neigen. Es entspricht vielmehr ihrer normalen Entwicklung.

Die Mutter des Zweijährigen wird vermutlich die Erfahrung machen, dass auch ihr Sohn im entsprechenden Alter Schieß- und Raufspiele liebt. Dazu braucht er keine Spielzeugwaffen. Studien in Kindergärten haben gezeigt, dass sich die Kleinen mangels einer Spielzeugpistole mit Stöcken, selbst gebastelten Legopistolen oder sogar zurecht gebissenen Brotgewehren „bekriegen". Vor allem Jungen testen damit ihre Stärke, suchen sich ihren Platz in der Gruppe. So lange es ein Spiel bleibt und die Kinder nicht „ausrasten", entspricht es der normalen Entwicklung. Eltern sollten darauf gelassen reagieren, sonst bekommt es für ihr Kind einen zu großen und falschen Stellenwert.

Zurückhauen bringt nichts

Die vierjährige Martina schlägt im Vorbeigehen ihrer einjährigen Schwester ein Spielzeugauto auf den Kopf. Ihre Mutter sieht es, geht hin, nimmt Martina das Auto aus der Hand und haut es ihr auf den Kopf. Anschließend gibt es noch einen kräftigen Klaps auf den Po. „Damit du siehst, wie das ist. Jetzt weißt du, dass du deine kleine Schwester nicht hauen darfst!" Leider weiß Martina das deshalb immer noch nicht. Durch die Schläge der Mutter ist sie verletzt und wütend. Ihre Eifersucht, die sie vermutlich dazu veranlasst hat, ihre Schwester zu schlagen, ist bestätigt. Die Reaktion der Mutter zeigt der Vierjährigen: Schlagen gehört dazu. Meine Mama mag die Kleine lieber als mich. Es leuchtet Martina überhaupt nicht ein, warum die Mutter schlagen darf, sie als Kind aber nicht.

So sehr es uns als Eltern entsetzt, wenn unsere Kinder zuschlagen, sollten wir es doch nie „mit gleicher Münze zurückzahlen". Im Beispiel von Martina wäre die bessere Reaktion gewesen, die Mutter hätte ihrer Tochter das Auto abgenommen und erklärt: „Das darfst du nicht, das tut deiner Schwester weh. Autos sind zum Spielen da, nicht zum Zuschlagen. Versprich mir, dass du das nicht wieder tust. Du weißt, dass ich dich genauso lieb habe wie die Kleine." Danach hätte sie ihr das Spielzeug wieder überlassen können.

Schlagende Eltern bekommen keine friedfertigen Kinder. Ebenso wenig Eltern, die ihrem Nachwuchs alles durchgehen lassen. Entscheidend für die **Erziehung zur Friedfertigkeit** ist das Modell, das Kinder in der Familie vorfinden. Mütter und Väter müssen den Aggressionen ihrer Kinder deutliche Grenzen setzen. Aber nicht mit Gegenaggression. Das macht Angst und Angst produziert wiederum Aggression.

Sich beim Kind entschuldigen

Ein wichtiger Schritt auf dem für Kinder sehr langen Weg zur Friedfertigkeit ist die Fähigkeit, sich zu entschuldigen. Das lernen sie am besten am Vorbild der Eltern. Rempelt der Vater seine Tochter an und sie schreit „Aua", kann er sagen: „Stell dich nicht so an. War doch nicht so schlimm." Er kann aber auch sagen: „Tut mir Leid, das wollte ich nicht." Macht das Kind häufig solche Erfahrungen wie im ersten Fall, nämlich dass ruppig und rücksichtslos mit ihm umgegangen wird, wird es mit der Zeit glauben, nichts Besseres verdient zu haben. Das vermindert das Gefühl für den eigenen Wert.

Sich entschuldigen zu können, ist eine wichtige Voraussetzung für ein friedliches und friedfertiges Miteinander.

Im zweiten Fall fühlt das Kind sich ernst genommen und wird sich selbst entschuldigen, falls es einmal zu grob geworden ist. Friedfertigkeit hat viel mit gegenseitiger Achtung und Respekt zu tun.

Hilfsbereitschaft

Eigentlich hätten es Eltern ganz leicht, ihr Kind zur Hilfsbereitschaft zu erziehen. Sie brauchten nur von Anfang an die Angebote ihrer Sprösslinge annehmen und sie da einsetzen, wo sie es von sich aus wollen. Bereits Zweijährige wollen gern der Mutter im Haushalt helfen und dem Vater bei Reparaturen oder der Autopflege zur Hand gehen (meistens sind die Aufgaben in der Familie auf diese Weise verteilt). Aber genau da liegt für viele Mütter und Väter der Haken. Denn meistens dauert es mit der noch etwas ungeschickten Hilfe der Kleinen länger und macht womöglich sogar mehr Arbeit, weil etwas daneben geht oder es überhaupt nicht gelingt. Das heißt, Eltern brauchen Geduld. Bringen sie diese bei ihrem Zwei- oder Dreijährigen auf, tun sie sich und ihrem Kind damit einen Gefallen.

„Soll ich jetzt noch die Kacheln abwischen?" Mit leuchten-
den Augen und triefnassen Ärmeln strahlt die fünfjährige
Lore ihre Mutter an. Auf ihrem T-Shirt liegt weißer Scheuer-
pulverstaub. Damit hatte sie sich gerade am Waschbecken
im Bad nützlich gemacht. Sie hat mit vollem Einsatz ge-
schrubbt und gewienert. Lore ist eine begeisterte Helferin
im Haushalt, seit sie laufen kann. Sie schleppt fürs Abend-
brot die Teller auf den Tisch, räumt nach dem Einkaufen den
Korb aus und stellt die Sachen an ihren Platz. Sie hilft beim
Wäsche sortieren und reicht der Mutter die Klammern beim
aufhängen. Sie fegt auch schon mal den Küchenboden und
kann sogar mit Schaufel und Besen umgehen.

Am liebsten sind ihr aber die Hausarbeiten, bei denen es
schön nass zugeht. Ihre Mutter lässt sie gewähren. Obwohl
sie nach den Putzorgien ihrer Tochter kräftig nachtrocknen
und die Kleine jedes Mal frisch anziehen muss.

Spätestens ab dem Schulalter verspüren Kinder normalerweise
keine große Lust mehr, daheim irgendwelche Hilfsdienste zu
leisten.

Werden Kinder nur zu „niederen" Diensten ver-
pflichtet, versuchen sie sich eher davor zu drücken,
als wenn sie **wichtige Aufgaben** bekommen.

Dann haben sie nämlich erkannt, dass es einen großen Unter-
schied zwischen Arbeit und Spiel gibt. Mussten oder durften
die Kinder bisher keine „wertvolle" Familienarbeit leisten, wird
es für Mütter und Väter ausgesprochen schwierig, sie jetzt von
deren Notwendigkeit zu überzeugen. Meistens geht das dann
nur noch mit Druck und Ärger.

Nicht nur Handlangerdienste erwarten

Ist das Kind von Anfang an gewohnt, dass seine Dienste gewollt und anerkannt sind, fällt es ihm später leichter, einzusehen, dass ein demokratisches Zusammenleben nur klappen kann, wenn alle sich gegenseitig helfen. Um die natürliche Hilfsbereitschaft der Kleinen ins Schulalter hinüberzuretten, kommt es natürlich auch darauf an, dass die Fähigkeiten und Leistungen des Kindes honoriert werden. Allerdings nicht, wie das in vielen Familien üblich ist, mit Geld, Spielzeug, Süßigkeiten oder sonstiger „Bezahlung". Dabei lernen sie lediglich, dass es keinen Sinn macht, etwas umsonst zu tun. Sie entwickeln vielleicht einen guten Geschäftssinn – was prinzipiell nicht falsch sein muss –, aber mit dem Wert der Hilfsbereitschaft hat das nichts zu tun.

Hilfsbereitschaft wird für ein Kind nur dann zur Selbstverständlichkeit, wenn ihm selbst geholfen wird und wenn es für das, was es für andere tut, Lob und Anerkennung bekommt. Dann macht ihm Helfen Spaß und es wird später auch ohne Gegenleistung helfen.

Schon die Kleinen haben Dank und Anerkennung verdient. Sie strahlen, wenn die Eltern ihnen sagen, wie sehr sie geholfen haben. Wichtig ist auch, den Kindern nicht bloß unbeliebte und niedrige Handlangerdienste aufzuladen, sondern sie auch da helfen zu lassen, wo sie wollen und es ihnen Spaß macht.

Damit dem Nachwuchs die Lust am Helfen nicht verloren geht, sollte er nicht gleich gescholten werden, wenn er die Erwartungen nicht vollständig erfüllt. Ein Sechsjähriger ist z. B. stolz darauf, allein einkaufen zu dürfen. Schimpft die Mutter, weil er den falschen Käse besorgt oder die teurere Butter mitgebracht hat, macht ihn das unglücklich. Und als Zehnjähriger sagt er wahrscheinlich: „Geh doch selbst einkaufen, ich kann dir sowieso nichts recht machen.“

Bei Arbeiten im Haushalt wie Müll runter tragen, Flaschen zum Container bringen und Geschirrspüler ausräumen lassen sich speziell bei älteren Kindern, die nicht mehr so viel Lust zu solchen Tätigkeiten haben, Kompromisse finden. Z. B., dass so etwas auch nach dem Fußballspiel gemacht werden kann. Oder dass ein Kind, das Schuhe putzen einfach hasst, stattdessen fürs Abtrocknen zuständig ist. Eine gewisse Flexibilität und demokratisch ausgehandelte Regeln, Anerkennung für die Leistung und auch dafür, dass sich das Kind überwunden hat, etwas zu tun, machen es ihm leichter, sich an Abmachungen zu halten.

Nicht zu viele Pflichten

Ein Kind zur Hilfsbereitschaft zu erziehen, darf aber nicht heißen, es zur kostenlosen Haushaltshilfe oder Putzfrau zu machen und ihm zu viele Pflichten aufzubürden. Selbst sehen, wo Hilfe nötig ist und dann freiwillig zupacken, lautet das Ziel. Auf dem Weg dahin müssen Eltern sicher immer wieder erleben und akzeptieren, dass ihr Nachwuchs nicht die geringste Spur von Hilfsbereitschaft zeigt. Das sind Phasen, die zur normalen Entwicklung gehören.

Ein Schulkind wird sicher Ausflüchte erfinden, z. B. Hausaufgaben oder Verabredungen, um sich vor seinen Aufgaben im Haushalt zu drücken.

Pubertierende neigen ohnehin dazu, alles abzulehnen, was sie als Zwang und Druck empfinden. „Ich sehe überhaupt nicht ein, warum ich einkaufen gehen soll. Ich brauche nichts“, kann ein typischer Spruch sein. In der Pubertät sind Kinder so sehr von sich eingenommen und mit sich selbst beschäftigt, dass sie jede kleine Anforderung als Zumutung empfinden. Aber auch diese schwierige Zeit geht vorbei.

Eine Mutter von zwei heranwachsenden Töchtern regelt das beispielsweise so: „Ich versuche, meinen Töchtern klar zu machen, dass sie, wenn sie wie Erwachsene behandelt werden wollen, sich auch so benehmen müssen. Erwarten sie von mir, dass ich sie umsorge als wären sie Babys, können sie auch nur die Freiheiten von Babys haben. Manchmal sehen sie das ein und tun, was sie sollen. Manchmal ernte ich nur ein mürrisches Achselzucken. Ich spreche aber immer wieder mit ihnen darüber."

Besondere Fähigkeiten nutzen

Am besten können Eltern ihre Heranwachsenden zu dem animieren, was sie gut beherrschen. Sie lernen ja in der Schule eine Menge und nicht selten überflügeln sie mit ihren Fähigkeiten sogar die Eltern.

> „Mein Sohn ist ein Computerfreak", erzählt beispielsweise der Vater eines 15-Jährigen. „Komme ich mit meinem Gerät oder einer neuen Software nicht zurecht, brauche ich ihn nur zu fragen. Meistens hat er das Problem ganz schnell gelöst. Es macht ihm sichtlich Spaß, seinem Alten etwas vorauszuhaben."

Und die Mutter einer 16-jährigen Gymnasiastin weiß zu berichten: „Ich erledige zu Hause die Korrespondenz einer Handelsfirma. Da sind auch viele englische Sachen dabei. Bei meinem Schulenglisch muss ich oft im Wörterbuch nachschauen. Da diese Sprache das Lieblingsfach meiner Tochter ist, frage ich sie. Und, man möchte es kaum glauben, Sara findet das so klasse, wenn ich etwas nicht weiß, dass sie mir mit Freude bei meiner Arbeit hilft. Dafür räume ich ab und zu ganz ohne Groll ihre Klamotten auf, die sie meistens in der ganzen Wohnung verstreut…"

Keine zu großen Ansprüche

Gelingt es Eltern, von ihren Forderungen und den Vorstellungen davon, was das Kind tun soll, etwas abzurücken und dafür die freiwilligen Hilfsangebote auf anderen Gebieten anzunehmen, geben sie damit der Hilfsbereitschaft ihrer Kinder den „letzten Schliff". Denn das bildet wiederum die Basis für ein freundlich-sachliches Gespräch über die notwendigen Pflichten.

Hilfsbereitschaft beruht auf Gegenseitigkeit – wie die meisten anderen Werte auch. Deshalb spielt das Vorbild der Eltern und ihr Verhalten dem Kind gegenüber eine große Rolle. Wer sein Kind immer nur fordert, selbst aber nie etwas für die Tochter oder den Sohn tut, kann nicht erwarten, dass es Hilfsbereitschaft als Selbstverständlichkeit ansieht.

Höflichkeit

Höflichkeit und gutes Benehmen bekommen heute wieder große Bedeutung, nachdem diese Werte viele Jahre lang eher ein Schattendasein führten. Laut Allensbach-Umfrage stehen Höflichkeit und gutes Benehmen für 87 Prozent der Eltern sogar an oberster Stelle der Erziehungsziele. Vor zehn Jahren waren es nur 73 Prozent, denen solches Verhalten bei ihren Kindern wichtig war.

Allerdings wird heutzutage unter Höflichkeit und gutem Benehmen in der Regel etwas anderes verstanden, als noch zu den Zeiten der Großeltern. Starre Regeln wie bei Tisch gerade zu sitzen, erst zu sprechen, wenn man gefragt wird, zur Begrüßung von Erwachsenen einen Diener oder einen Knicks zu machen, immer zu lächeln, leise zu sein und die „gute" Hand zu geben – die Liste ließe sich beliebig fortsetzen – sind nicht mehr das Kernstück der Erziehung zur Höflichkeit.

Ebenso wenig steht die Laisser-faire-Haltung der späten 60er und der 70er Jahre, als Kinder überhaupt keine Benimmregeln zu lernen brauchten, im Zentrum der Erziehung. Das hat viele Erwachsene hervorgebracht, die nicht einmal die einfachsten Höflichkeitsregeln beherrschen. Solche Menschen gehören nicht gerade zu den beliebten Zeitgenossen. Was ihnen auch in allen Situationen, in denen es darauf ankommt (etwa im Beruf), große Unsicherheit und oft Misserfolg beschert. Beide Extreme, soviel ist sicher, taugen also nichts.

Höflichkeit hat etwas mit Achtung und Respekt zu tun. Jeder Mensch möchte respektvoll behandelt werden und wünscht sich, dass ihn andere Menschen achten. Wie bringt man das Kindern bei?

Kinder müssen Höflichkeit von Anfang an erfahren und Schritt für Schritt lernen, ebenso wie alle anderen Fähigkeiten, die sie zu umgänglichen Zeitgenossen machen. Es ist eine freundliche Geste und gehört bei uns zum guten Ton, dass sich Menschen zur Begrüßung die Hand reichen. Das verstehen schon Einjährige und tun es meistens auch gern.

Zwischen zwei und vier Jahren kann allerdings eine Phase eintreten, in der sich das ehemals so charmante Kind plötzlich weigert, irgendjemandem die Hand zu reichen. Das ist kein Problem, das Kleine sollte auch nicht dazu gezwungen werden. In diesem Alter entwickelt sich bei Kindern das Bewusstsein fürs Ich, denn sie begreifen, dass sie eigenständige Persönlichkeiten sind. Sie wollen sich deutlich von anderen abgrenzen. Und dazu kann gehören, dass sie sich vorübergehend weigern, Omas, Tanten oder Freunden die Hand zu reichen. Ab fünf Jahren sind sie dann meistens wieder bereit, diese Höflichkeitsregel zu akzeptieren.

Von Schulanfängern kann man erwarten, dass sie beim Essen Messer und Gabel benutzen und beim Kauen den Mund geschlossen halten. Eine wichtige Voraussetzung dafür ist, dass sie bereits als Kleinkinder mit Besteck experimentieren dürfen.

Der Ton macht die Musik

„Bitte", wenn man etwas haben möchte, „Danke", wenn man etwas bekommen hat – diese beiden Worte machen das Zusammenleben leichter. Kinder lernen sie am schnellsten, wenn sie sie selbst regelmäßig von Erwachsenen hören.

„Frau Meier, darf ich mal deinen Hund streicheln?" Dass Erwachsene mit „Sie" angesprochen werden, begreifen Kinder frühestens mit sechs Jahren. Erst dann beginnt sich das abstrakte Denken zu entwickeln. Jetzt kann man ihnen diese Regel erklären. Weil es immer eine Weile dauert, bis ein Kind etwas Neues wirklich beherrscht, passiert es aber noch oft genug, dass beispielsweise die Lehrerin der ersten Klasse mal mit „Sie" und mal mit „du" angesprochen wird. Für Jugendliche wird das Siezen selbstverständlich, wenn sie selbst gesiezt werden. In unseren Schulen ist das für Lehrer Pflicht, sobald die Schüler 15 Jahre alt sind.

Ausreden lassen

Dieses Zeichen von Höflichkeit fällt kleinen Kindern enorm schwer. Ihre Gedanken müssen immer sofort heraus. Das liegt an ihrer Spontaneität und dem noch fehlenden Zeitgefühl. Dafür sollten Eltern Verständnis haben, wenngleich es keineswegs falsch ist, immer mal wieder ein bisschen zu üben. „Moment, ich sage noch einen Satz, dann bist du dran." Bleibt es tatsächlich bei diesem einen Satz, kann eine Vierjährige durchaus schon so lange warten. Einem Achtjährigen ist die allgemeine Forderung „Lass mich bitte erst ausreden" auch schon zuzumuten.

Üben Eltern mit ihren Kindern das „Ausreden lassen" auf diese Weise, lernen diese zweierlei: Rücksicht zu nehmen – „Ich warte, bis du fertig bist" – und ihre eigenen Bedürfnisse zu formulieren – „Jetzt möchte ich auch mal etwas sagen."

Natürlich muss ein Kind auch die Erfahrung gemacht haben, dass ihm zugehört wird. Nur so kann es akzeptieren, die eigenen Gedanken zurückzuhalten, bis der andere mit Reden fertig ist. Tatsächlich fällt es den meisten Erwachsenen schwer, andere immer ausreden zu lassen. Insbesondere gilt das, wenn das Gesprächsthema emotionsgeladen ist. Verständnis für ungeduldige Kinder ist deshalb angebracht.

Sind Eltern höflich zu ihren Kindern, fällt es diesen nicht so schwer, ebenfalls höflich zu sein. Jemand anderem die Tür aufhalten, freundlich grüßen, ordentlich mit Messer und Gabel essen, im Bus für ältere Menschen aufstehen, sich bücken, falls jemandem etwas herunter gefallen ist, das alles sind Verhaltensweisen, die ein Kind schon mit acht oder zehn Jahren gelernt haben kann, wenn sie zu den normalen Umgangsformen in der Familie gehören.

Rücksichtnahme

Die eigenen Bedürfnisse anderen gegenüber zurückzustecken – je jünger ein Kind ist, umso weniger kann es dies. Hinzu kommt, dass Kinder, je jünger sie sind, umso weniger ein Gefühl für mögliche Gefahren oder für die Folgen ihres Tuns haben. Ein paar Beispiele:

Der vierjährige Markus geht auf dem Spielplatz auf die Schaukel zu. Er setzt sich drauf, holt Schwung und schaukelt mit ausgestreckten Beinen los. Dass direkt vor ihm ein etwa zweijähriges Mädchen am Boden spielt, scheint ihn überhaupt nicht zu interessieren. Nur durch Zufall wird die Kleine nicht von Markus umgerissen. Er begreift wirklich nicht, dass er das Kind in Gefahr gebracht hat.

Im nächsten Beispiel fehlt dem Kind einfach der Überblick, was alles passieren kann:

Die dreijährige Manuela ist mit ihren Eltern im Biergarten. Sie spielt friedlich zwischen den Tischen mit den Steinchen, die da herumliegen. Auf einmal steht sie auf und wirft alles, was sie mit zwei Händen fassen kann, hoch in die Luft. Der Kies prasselt auf die umliegenden Tische und landet auf den Tellern und in den Gläsern.

Größere Kinder haben oft einfach keine Lust, Rücksicht zu nehmen. Die Bedürfnisse anderer haben für sie keinen Wert:

> Der zehnjährige David spielt mit seinem Freund draußen Ball, den sie auf die Hauswand gegenüber werfen. David weiß, dass der Nachbar, der hinter dieser Wand wohnt, Schichtarbeiter ist und am Tag schläft. Doch das stört die beiden nicht im Geringsten. „Plopp, plopp, plopp", knallt der Ball immer wieder an die Wand.

Manche Eltern mögen denken, dass aus ihrem vierjährigen „mal etwas wird", weil er sich auf dem Spielplatz wie Rambo gebärdet und sich jetzt schon so gut „durchsetzen" kann. Tatsächlich tun Eltern weder sich noch dem Kind einen Gefallen, wenn sie versäumen, es zur Rücksicht zu erziehen. Denn rücksichtslose Kinder und Erwachsene sind unbeliebt. Niemand mag mit ihnen zu tun haben. Für Kinder ist das besonders schlimm, weil sie die Gemeinschaft und die Gruppe brauchen, um sich richtig entwickeln zu können.

Geht es um ihre eigenen Interessen, sehen die meisten Eltern es ohnehin nicht mehr so locker, wenn ihr Kind nicht weiß, was Rücksicht heißt: Wenn der Einjährige den Vater als Kletterbaum benutzt, der Dreijährige auf den gedeckten Tisch steigt, um sich ein Brötchen zu holen, der Zehnjährige sein Mountainbike gegen das Familienauto in der Garage krachen lässt, die 14-Jährige stundenlang das Telefon oder das Badezimmer blockiert, der 16-Jährige andauernd harten Technosound in voller Lautstärke dröhnen lässt – da hört auch bei großzügigen Eltern die Geduld rasch auf und sie fordern mehr Rücksicht vom Nachwuchs.

Zurückstecken ist schwer. **Rücksichtnahme** ist für Kinder ein besonders schwieriges Kapitel – wie leider auch für viele Erwachsene. Denn es fordert, eigene Interessen und Bedürfnisse zugunsten eines anderen zurückzustellen und zu bedenken, ob das, was ich tue, einem anderen schaden könnte. Nicht nur die eigenen Angelegenheiten im Auge zu haben, sondern auch die Interessen der anderen. Deshalb scheint Rücksicht für viele Menschen im Gegensatz zur Durchsetzungsfähigkeit zu stehen.

Mit viel Geduld zum Ziel

Die Erziehung zur Rücksichtnahme macht Sinn. Nur, wie bringt man sie Kindern bei? Es ist mühsam und fordert den Eltern viel Geduld und Beharrlichkeit ab. Denn in den ersten Lebensjahren ist in puncto Rücksichtnahme von Kindern noch nicht viel zu erwarten. Aufgrund ihrer mangelnden Erfahrungen sind sie noch nicht in der Lage, die Folgen ihrer Handlungen vorauszusehen oder auch zu verstehen, dass sie mit dem, was sie tun, anderen auf die Nerven gehen können. Dann steht ganz schnell die Forderung nach mehr Rücksicht im Raum.

Die Dreijährige, die im Biergarten mit Begeisterung Steine in die Luft wirft, hat nicht die leiseste Ahnung davon, dass diese in die Gläser anderer Leute fallen können und dass diese das stört. Das erfährt sie nur, wenn sie es gesagt bekommt beziehungsweise hört sie es durch die empörten Reaktionen der Tischnachbarn. Der Vierjährige denkt einfach nicht daran, dass er das Kleine umschubsen könnte – es ist ihm nicht bewusst, dass er es verletzen könnte, wo er doch bloß wild schaukelt. Er hat sein Vergnügen im Sinn und das hat für ihn Vorrang. Auch der

10-Jährige denkt nicht an den müden Nachbarn. Er sieht ihn ja nicht und mag nicht glauben, dass das bisschen Ballspielen für den Schichtarbeiter die Hölle sein kann.

Kinder sind egozentrisch und müssen Rücksicht erst mühsam lernen.

Je jünger, desto weniger Rücksicht

Eltern müssen ihrem Kind so früh wie möglich und immer wieder zeigen und erklären, dass auch andere Menschen Interessen haben und dass diese ebenso wichtig sind wie die eigenen. Rücksicht beginnt dort, wo die unterschiedlichen Interessen mehrerer Leute aufeinander stoßen. Doch je kleiner ein Kind ist, umso weniger Rücksicht ist von ihm zu erwarten. Es kann einfach nicht anders.

Rücksicht ist nicht angeboren. Um rücksichtsvoll zu sein, müssen sich Menschen in die Lage anderer hineinversetzen können. Das lernen Kinder frühestens mit zwei bis drei Jahren.

Ein Baby kann keine Rücksicht darauf nehmen, dass seine Mutter nachts schlafen will. Es hat Hunger oder fühlt sich in der nassen Windel unbehaglich. Das Einzige, was es empfindet, ist: „Es soll jemand kommen, der mich füttert oder frisch anzieht." Deshalb und nur deshalb schreit es. Auch der Einjährige will nur klettern, und das am liebsten auf Papa. Er weiß nicht, dass seine Tritte wehtun und dass Papa ziemlich genervt ist, wenn der Sohn sich zu heftig in sein Hemd krallt. Einem Einjährigen kann man aber durchaus schon sagen: „Ich möchte nicht, dass du auf mir herumkletterst, das tut mir weh."

Ebenso, wie man einem Dreijährigen erklären kann, dass er sein Brötchen bekommt, wenn er höflich danach fragt. Und von dem 10-Jährigen kann man erwarten, dass er sein Fahrrad vorsichtig am Auto vorbeischiebt. Der 16-Jährige weiß selbst, dass seine Eltern Techno, wenn überhaupt, dann nur in Zimmerlautstärke hören mögen.

Ungestüm zu sein ist kein böser Wille

Selbst wenn Kinder schon eine gewisse Einfühlsamkeit entwickelt haben, fällt es ihnen lange Zeit noch ungeheuer schwer, wirklich rücksichtsvoll zu sein. Ruhig zu sein, keine Sachen durch die Gegend zu werfen, auf Schwächere zu achten, das Fahrrad vorsichtig in die Garage zu schieben, mit dem Skateboard nicht haarscharf an älteren Menschen vorbeizubrettern, sich am Telefon kurz zu fassen – das alles verlangt Kindern eine Menge ab.

Gesunde, fröhliche Kinder sind ungestüm und voller Tatendrang. Sie können sich nicht ständig umsichtig verhalten und immer daran denken, dass sie womöglich andere stören. Eltern brauchen also viel Geduld. Kinder sind nicht absichtlich rücksichtslos, sondern sie denken einfach nicht daran, Rücksicht zu nehmen.

Eine wichtige Hilfe, um Rücksicht zu lernen, ist, wenn Kinder selbst Rücksicht erfahren. Wenn sie nicht nur ständig ermahnt werden, etwas zu tun oder zu lassen, sondern wenn sie merken, dass auch ihre Interessen Gewicht haben. Statt zu schimpfen: „Hör sofort auf, den Ball gegen die Mauer zu donnern, du weißt doch, dass Herr Müller schlafen muss!", ist es besser, dem Jungen einen Tipp zu geben, wo er sein Ballspiel fortsetzen kann: „Geht doch bitte zu den Garagen, dort könnt ihr genauso gut spielen und stört dabei Herrn Müller nicht."

Kinder lernen von ihren Eltern

Ebenso wichtig wie die Interessen der Kinder zu achten, ist, ihnen Rücksicht vorzuleben. Schon Kleinkinder registrieren ganz genau, ob die Mutter mit dem Einkaufswagen durch die Gänge beim Supermarkt hastet, ohne sich darum zu kümmern, ob sie dabei jemanden anrempelt oder ob der Vater beim Autofahren auch mal für einen anderen Wagen bremst, der die Spur wechseln will. Wer seine Kinder zu mehr Rücksicht anhalten will, sollte also auch das eigene Verhalten kritisch überprüfen – vor allem dem Kind gegenüber.

Toleranz

Der 15-jährige Ralph aus Deutschland kam als Austauschschüler für vier Wochen nach Amerika. Seine Gastfamilie war puertoricanischer Abstammung und lebte in einem Viertel mit ausschließlich dunkelhäutiger Bevölkerung. „Als ich am ersten Tag mit meiner Mitschülerin in den Bus zur Schule einstieg, habe ich mich furchtbar erschrocken", erzählt er. „Alle Gespräche in dem Bus verstummten sofort. Die anderen Schüler schauten mich an. Ich habe gleich gemerkt, warum, denn ich war der einzige Weiße. Ich wusste nicht, ob diese Menschen mir wohl gesonnen waren oder ob sie gleich auf mich losgehen würden. Zum ersten Mal in meinem Leben konnte ich mir vorstellen, wie es ist, anders zu sein. Wirklich kein angenehmes Gefühl." Ralph hat in diesen vier Wochen sehr viel über Toleranz gelernt.

Mit der Toleranz haben besonders viele Menschen ihre Mühe. Bedeutet sie doch, etwas Andersartiges oder Ungewohntes zu ertragen und zu akzeptieren und Respekt und Achtung auch vor den Menschen zu haben, deren Aussehen, Denk- und Lebensweise einem fremd sind. Das setzt nämlich voraus, dass man sich selbst und die eigene Lebensweise nicht als die allein gültige betrachtet, sondern bereit ist, sie als eine von vielen

Gleichwertigen zu sehen. Das gelingt nur mit genügend Selbstbewusstsein und Souveränität. Kinder haben dies oft noch nicht, denn sie sind ja noch in der Entwicklung. Frühestens in der Pubertät lernen sie, in größeren Zusammenhängen zu denken und sich ein eigenes Urteil zu bilden. Bis dahin brauchen sie die liebevolle Leitung und Unterstützung der Eltern.

Unsicherheit macht intolerant

Oft sind die Eltern ganz geschockt, wie abwertend sich ihr Schulkind über Klassenkameraden äußert: „Der Ali stinkt. Mit Türken mag ich nicht spielen." Das ist noch keine böse Intoleranz. Kleinere Kinder plappern nach, was sie hören und machen sich keine Gedanken darüber. Ihnen ist es in der Regel egal, wie ein Kind aussieht oder riecht oder was es anhat. Die Hauptsache ist, dass man gut mit ihm spielen kann. Ältere Kinder registrieren schon eher die Gefühle in der Umwelt, die Fremden entgegengebracht werden. Und aus der eigenen Unsicherheit heraus schließen sie sich meistens unbesehen der Mehrheitsmeinung an, auch wenn diese sich gegen das Fremdartige richtet und aggressiv und grausam ist.

Hinter **Intoleranz** verbirgt sich oft die eigene Angst. Unsichere Menschen empfinden Fremdartiges und alles, was sie nicht kennen oder was ihnen nicht vertraut ist, als Bedrohung. Sie kämpfen dagegen an und übernehmen kritiklos Meinungen und Aktionen, die sich gegen dieses Unbekannte richten.

Wir erleben, lesen oder hören es täglich, wie Menschen ausgegrenzt und oft sogar attackiert werden, weil sie „anders" sind: Menschen mit einer Behinderung, Asylanten, Aidskranke, Far-

bige, Obdachlose usw. Um solch ein Verhalten bei den eigenen Kindern zu verhindern, ist es wichtig, dass wir ihnen helfen, mit ihrer eigenen Unsicherheit umzugehen beziehungsweise sie in ihrer Entwicklung des Selbstbewusstseins unterstützen.

Unbekanntes kennen lernen

Unbekanntes verliert viel von seinem Schrecken, wenn man sich näher damit beschäftigt und es besser kennen lernt. In unserer multikulturellen Gesellschaft ist das nicht schwierig. Im Kindergarten und in der Schule, haben Kinder die Möglichkeit, sich mit anderen Sitten und Gebräuchen vertraut zu machen. Dürfen sie Freunde oder Mitschüler anderer Nationalitäten mit nach Hause bringen und werden sie bei ihnen eingeladen, lernen sie ihre Gewohnheiten, Umgangsformen und Rituale kennen.

Tolerant heißt nicht gleichgültig! **Toleranz** hat nichts mit Interesselosigkeit zu tun. Die Haltung: „Lasst die anderen doch machen, was sie wollen, so lange sie uns in Ruhe lassen", hat nichts mit diesem Wert zu tun. Es kommt darauf an, sich auch im Konfliktfall fair mit anderen Standpunkten auseinander zu setzen, ohne dabei den eigenen aufzugeben.

Toleranz fängt zu Hause an

Toleranz lässt sich noch weniger „predigen" als alle anderen Werte. Kinder lernen sie vor allem durch Erleben. Das fängt bereits innerhalb der Familie an, wo verschiedene Ansichten, Vorlieben und Temperamente häufig aufeinander prallen.

Vielleicht geht die Mutter gern schick aus, während der Vater lieber im Freizeitlook vor dem Fernseher sitzt. Möglicherweise ist ein Kind der totale Sportfan, während das andere am liebsten Musik hört. Vielleicht sind die Eltern begeisterte Wanderer, die es jedes Wochenende hinaus in die Natur zieht; die Kinder wollen dagegen lieber ins Schwimmbad oder auf die Kirmes gehen.

Es ist gut, wenn Eltern nicht versuchen, dem Partner oder den Kindern ihre eigenen Vorlieben aufzuzwingen. Noch besser ist es, wenn jeder auch mal das mitmacht, was dem anderen Spaß macht. Vielleicht stellt er ja fest, dass es ihm auch gefällt – zumindest ab und zu. Erleben Kinder schon innerhalb der Familie Toleranz, sind sie eher bereit, Dinge zu akzeptieren, die den anderen wichtig sind, auch wenn sie ihnen selbst nicht gefallen.

Toleranz ist kein Freibrief. So wichtig Toleranz im Zusammenleben auch ist, so gibt es doch Bereiche, in denen sie ihre Grenzen hat. Nämlich da, wo sie die Menschenwürde oder die eigene Überzeugung verletzt. Gewalt, Terror, Betrug oder Ungerechtigkeit sind inakzeptabel und das begreifen auch schon Kinder.

Verantwortung

Markus, elf Jahre alt, hat Probleme in der Schule. In zwei Fächern steht er auf einer glatten Fünf. Das heißt, dass er die Klasse nicht schafft und das Schuljahr wiederholen muss, wenn er im zweiten Halbjahr nicht gut lernt. Bei seiner Mutter jammert Markus: „Warum musste ich unbedingt aufs Gymnasium gehen? Das hast doch nur du gewollt. Ich kann das einfach nicht." Seine Mutter bleibt ganz ruhig und erklärt ihrem Sohn: „Erinnere dich bitte, dass du dir diese Schule mit ausgesucht hast. Du wolltest aufs Gymnasium. Deine Noten in der Grundschule waren gut genug. Aber du lernst nicht für mich, sondern für dich. Und du weißt ja auch, dass man sich nachmittags etwas länger hinsetzen muss, um den ganzen Stoff zu schaffen. Überlege dir, was du willst. Ist das Gymnasium zu schwer für dich, kannst du auch auf die Hauptschule. Ist nur diese Klasse zu schwer für dich, kannst du sie wiederholen. Dann fällt es dir vielleicht leichter, regelmäßig zu lernen. Sind nur die zwei Fächer zu schwer für dich, kannst du Nachhilfe haben. Ich besorge dir einen Lehrer." Zwei Wochen später schrieb Markus eine Drei in einem der beiden Fächer. Seiner Mutter erklärte er: „Ich habe mir überlegt, dass ich am Gymnasium bleiben möchte. Und ich will in dieser Klasse bleiben, da sind ja meine besten Freunde. Ich lerne halt jetzt jeden Tag eine Stunde länger, dann schaffe ich das schon.".

Was war passiert? Markus hat die Verantwortung für seinen Schulerfolg selbst übernommen. Und was noch wichtiger ist: Seine Mutter hat ihm diese Verantwortung überlassen. Das fällt vielen Eltern verständlicherweise schwer. Sie machen sich Sorgen um die Zukunft ihres Kindes und versuchen es mit Druck, Schimpfen und Zwang. Viel wirkungsvoller sind aber ein realistisches Vertrauen in seine Fähigkeiten und das Besprechen von Alternativen. Markus' Mutter hat keinen Zweifel daran gelassen, was passiert, wenn Markus nicht von sich aus mehr tut. Sie hat ihrem Sohn allerdings auch Alternativen aufgezeigt, wie es stattdessen gehen könnte.

Das Kind in die Pflicht nehmen

Verantwortung war früher für Kinder selbstverständlich und, weil die Familien meistens noch größer waren, einfacher als heute. In Großfamilien war es notwendig, dass jedes Familienmitglied schon früh seine Aufgaben übernahm und auch zuverlässig erledigte. Auf jüngere Geschwister aufpassen, der kranken Oma die Suppe bringen, die Wohnung sauber machen, Holz sammeln für den Ofen, Futter besorgen für die Tiere – sobald sie einigermaßen in der Lage dazu waren, wurden Kinder für alltägliche Pflichten mit eingespannt.

Musste ein Kind sich nie um irgendetwas kümmern, ist die Gefahr groß, dass es als Jugendlicher ein **Egoist** wird, der nur an sich selbst denkt.

Heute gibt es meist keine wirtschaftlichen oder sonstigen Gründe mehr, dass ein Kind mitarbeiten muss. Mütter und Väter versuchen oft, es ihrem Kind so angenehm wie möglich zu machen. Sie kümmern sich um Essen, Kleidung und Freizeit und erledigen den Haushalt ganz allein. Sie wecken das Schulkind morgens auf und ermahnen und drängeln es, falls es nicht rechtzeitig fertig wird. Sie bringen es zu Hobbygruppen, kümmern sich darum, dass es keine Termine verpasst usw. Doch besser wäre es, dem Kind ein Stück Verantwortung zu überlassen und ihm Pflichten für sich selbst und für die familiäre Gemeinschaft zu übertragen.

Kinder selbst machen lassen

Was ein Kind bei übertriebener Fürsorge nicht lernen kann, ist Verantwortung zu übernehmen – weder für sich noch für andere. Die Gefahr ist groß, dass aus solch überversorgten Kindern dann Jugendliche auf dem Egotrip werden, denen es nur um den eigenen Genuss geht, die mitnehmen, was zu kriegen ist, ohne sich weitere Gedanken zu machen. Sie tun vielleicht gerade noch, worum sie gebeten werden oder wozu man sie drängt, kommen aber niemals auf die Idee, einmal selbst anzupacken, wo es nötig wäre. Und vor allem suchen sie meistens die Schuld nicht bei sich, sondern immer bei den anderen. „Meine Mutter ist schuld, dass ich zu spät zur Schule/an meinen Ausbildungsplatz/zur Arbeit komme, sie hat mich nicht rechtzeitig aufgeweckt."

Alle Kinder wollen **selbstständig** werden. Diesen Drang können Eltern schon früh nutzen, um die Kleinen an die Verantwortung heranzuführen.

Auch wenn wir nicht mehr in Großfamilien zusammen leben, ist die Entwicklung des Verantwortungsgefühls genauso wichtig wie früher – für den Einzelnen ebenso wie für die Gemeinschaft. Kinder können es leicht lernen, wenn man ihnen frühzeitig Verantwortung überlässt und ihnen nicht alles abnimmt. Ihr natürliches Bestreben nach Selbstständigkeit ist der beste Antrieb dafür.

So können sich beispielsweise schon Zweijährige allein anziehen. Das dauert zwar lange und klappt nicht immer perfekt. Aber sie sind in der Regel sehr stolz auf ihre Leistung.

Fünfjährige können ihre Kindergartentasche allein packen und sich unter Anleitung ein Brot dafür schmieren.

Neunjährige können sich selbständig um den Wellensittich oder das Meerschwein kümmern.

Zwölfjährige sind in der Lage, das Katzenklo regelmäßig sauber zu machen oder einen (kleinen) Hund auszuführen.

Die Konsequenzen spüren lassen

Um Verantwortung zu lernen, kommt es natürlich auch darauf an, dass ein Kind begreift, dass es Konsequenzen hat, wenn man sich nicht um die Aufgabe kümmert, die man übernommen hat. Ist immer jemand da, der schon alles ausbügelt, hat es keine Veranlassung, selbst verantwortungsbewusst zu handeln. Weil man aber weder die Wohnung in Altpapierstapeln versinken lassen kann, nur weil das Kind seiner Aufgabe, das Papier wegzubringen, nicht nachgekommen ist, noch ein Haustier verhungern lassen oder warten kann, bis Berge von Geschirr Schimmel ansetzen, ist es wichtig, vorher über die Konsequenzen zu reden.

Denn Schimpfen oder Strafen bringt wenig. Das Kind würde vielleicht kurzfristig seine Arbeit tun, aber es würde dabei keine Verantwortung lernen.

Zur Verantwortung gehören unbedingt **Konsequenzen**, falls jemand nicht verantwortlich gehandelt hat. Diese müssen rechtzeitig mit dem Kind besprochen werden, damit es sich darauf einstellen kann.

Eltern können ihre Kinder unterstützen, indem sie ihnen vorab sagen, was passiert, wenn sie keine Verantwortung übernehmen. Dass sie zu spät zur Schule kommen und sich womöglich einen Verweis der Lehrerin einhandeln, falls sie nicht rechtzeitig aufstehen; dass sie nicht mehr mit dem Fahrrad fahren können, wenn sie es kaputt machen und nicht dafür sorgen, dass es repariert wird; dass sie nachmittags nicht raus zum Spielen können, so lange ihre Hausaufgaben nicht erledigt sind. Wichtig ist, dass Eltern ihre Kinder diese Erfahrungen auch tatsächlich machen lassen. Das heißt, den Spätaufsteher und Trödler nicht doch noch schnell mit dem Auto zur Schule fahren, das Fahrrad nicht selbst zur Reparatur bringen und dem „Drückeberger" nicht abends noch schnell bei den Hausaufgaben helfen.

Aufgaben verteilen

Für Aufgaben, die im Haushalt und Familienalltag verteilt werden, sollten vorab Konsequenzen vereinbart werden, die zwingend eintreten, wenn man sich nicht an die Abmachungen hält. „Unser Sohn hat von sich aus vorgeschlagen, dass wir den Hamster weggeben dürften, wenn er sich nicht darum kümmert", erzählt eine Mutter. „Das war für ihn Anreiz genug, seinen Pflegepflichten für das geliebte Tier regelmäßig nachzukommen."

Natürlich brauchen Kinder auf dem Weg zum verantwortungsbewussten Menschen lange Zeit noch die Unterstützung der Eltern. Kleinere müssen immer wieder an ihre Aufgaben erinnert werden. Die Anforderungen sollten nicht zu hoch sein und die Konsequenzen nicht so drastisch, dass sie doch nicht einzuhalten sind. Und das Kind soll die Möglichkeit haben, auch mal darum bitten zu können, dass jemand anderer in der Familie vorübergehend seine Aufgaben übernimmt.

Der achtjährige Tobias kam mehrmals hintereinander mit unvollständigen Hausaufgaben in die Schule, weil er sie nachmittags nicht erledigt hatte. Daraufhin wurde seine Mutter von der Lehrerin in die Sprechstunde bestellt. Sie einigte sich mit ihr darauf, dass Tobias nur am Schulausflug teilnehmen dürfe, wenn er ab sofort seine Aufgaben gewissenhaft erledigen würde. Es funktionierte, und Tobias konnte auch nach dem Ausflug regelmäßig seine vollständigen Hausaufgaben vorzeigen.

Zivilcourage

Samstagmittag in einem vollen Kaufhaus. Eine Mutter mit Kinderwagen und einer Menge Tüten schiebt den Wagen mühsam vor die Treppe. Das Kind brüllt aus vollem Hals. Die Leute bleiben stehen und machen Bemerkungen. „Unmöglich, bei dem Gedränge mit dem Kinderwagen zu kommen." „Kann die ihrem Kind nicht beibringen, ruhig zu sein?" „Das arme Kind, warum lässt sie es so brüllen und beruhigt es nicht?" Alle meckern, die Emotionen sind eindeutig gegen die Frau gerichtet. Da kommt ein junger Mann, geht zu der Mutter hin und fragt freundlich: „Kann ich Ihnen helfen, den Wagen die Treppe runter zu tragen?" Er packt mit an und der verzweifelte Gesichtsausdruck der Mutter hellt sich auf. Die Meckerer trollen sich davon.

Mut statt Tollkühnheit

Der junge Mann hat Zivilcourage bewiesen. Außerdem Verant-
wortungsbewusstsein, Hilfsbereitschaft und Mitgefühl. Trotz
der allgemeinen Stimmung, die sich gegen die Mutter richtete,
hat er geholfen. Zivilcourage ist weit mehr als nur Mut, hat aber
nichts mit Tollkühnheit zu tun. Als Einzelner in eine Schlägerei
einzugreifen, ist gefährlich und tollkühn. Aber rasch Hilfe zu
holen, um die Schlägerei zu beenden und einen Bedrängten damit aus einer misslichen Lage zu befreien, macht Sinn.

Zivilcourage gehört heute oft sogar schon dazu, um einzugreifen, wenn ein Unfall passiert ist. Denn meistens stehen die
Leute dann nur neugierig herum, aber keiner hilft.

Zivilcourage bedeutet, dass ein Mensch sieht, wenn etwas
nicht in Ordnung ist. Dass er das tut, wovon er überzeugt ist,
auch wenn es offensichtlich gerade nicht ins „Programm" passt. Dazu gehört, dass er eingreift und
hilft, wenn jemand in Not oder Gefahr ist, oder dass
er Hilfe holt. Diese Eigenschaft umfasst auch,
dass er sich gegen Gedankenlosigkeit und Vor-
urteile Anderer wehrt, sogar auf die Gefahr hin,
selbst Ärger zu bekommen oder ausgelacht zu
werden.

Die eigene Meinung sagen

Zivilcourage setzt Selbstsicherheit, Selbstvertrauen und moralische Integrität voraus. Gerade bei Diskriminierungen und
Vorurteilen fällt es den meisten Menschen leichter, einfach mit-
zulachen, wenn beispielsweise Ausländer- oder Frauenwitze
gemacht werden. Es gehört schon einiges dazu, sich in einer
fröhlichen Runde hinzustellen und zu sagen: „Ich finde das

überhaupt nicht lustig, sondern böse und abwertend. Ich möchte mir das nicht anhören!"

Was für die meisten Erwachsenen schon schwierig ist, kann man von Kindern eigentlich nicht erwarten. Dennoch ist immer wieder zu beobachten, wie ein Kind sich gegen die Gruppe stellt, um einem Außenseiter zu helfen. „Mir gefällt nicht, wie ihr mit Susanne umgeht, lasst das gefälligst." Was steckt dahinter, wie schaffen die Kleinen das?

Vermutlich hat solch ein Kind gelernt, eigene Entscheidungen zu treffen. Um den Mut aufzubringen, die eigene Meinung zu sagen, auch wenn sie bei den anderen anecken, brauchen Kinder ein Elternhaus, in dem sie sich frei äußern dürfen. Und zwar von klein auf. Kinder, denen man nicht zuhört, die keinen Satz zu Ende reden können, ohne dass andere sie unterbrechen, deren Eltern immer für sie antworten, wenn jemand das Kind etwas fragt, können kein Selbstvertrauen entwickeln. Sie kommen gar nicht auf die Idee, dass sie so wichtig wären, anderen etwas zu sagen zu haben. Und deshalb können sie dann auch kaum Zivilcourage aufbringen.

Den eigenen Wert kennen

Es kommt darauf an, dem Kind zu vermitteln: „Du bist wer. Du hast eine Stimme, die gehört wird." Kindern Entscheidungsspielraum zu lassen und sie ernst zu nehmen, ist einer der Meilensteine auf dem Weg zur Zivilcourage. Ebenfalls wichtig sind positive Erfahrungen in ihrer täglichen Umgebung und ein gutes Beispiel, das ihnen die Eltern geben.

Ein Vater, der die Meinung vertritt, er sei ein so „kleines Licht", dass es gar nichts ausrichten würde, wenn er etwas sagt, animiert sein Kind nicht dazu, selbst Mut zu zeigen. Eine Mutter, die der Ansicht ist, man dürfe sich nirgendwo einmischen, denn alles, was andere tun, gehe einen selbst nichts an, kann nicht hoffen, dass ihr Kind sich couragiert hervortut.

Erleben Kinder stattdessen Eltern, die selbstverständlich anhalten, wenn sie bei einem Unfall vorbeikommen, die ohne zu zögern, eingreifen, wenn sie in der Straßenbahn mitkriegen, wie drei Skinheads einen Schüler bedrängen, ist es auch für sie leichter, sich zu trauen, jemandem zu helfen.

Zivilcourage steckt an

Tatsächlich ist Zivilcourage sehr oft ansteckend. Läuft einer herbei, um der gestürzten alten Frau zu helfen, strecken sich oft gleich mehrere Hände aus. Sagt einer laut und deutlich: „Bis hierher und nicht weiter", hört er wahrscheinlich bald ein Murmeln: „Eigentlich hat er ja Recht", „Stimmt, da mach ich auch nicht mehr mit", „Ja, dagegen muss man sich wirklich wehren". Leute ohne Zivilcourage sind nicht immer gefühllos und böse, aber häufig ängstlich, gedankenlos oder feige. Gibt man ihnen einen Schubs in die richtige Richtung, machen sie manchmal sogar begeistert mit. Diese Erfahrung können auch Kinder machen.

Eltern als Vorbilder: Die wichtigsten Regeln

Von Mutter und Vater erfahren Kinder in ihren ersten Lebensjahren alles, was sie wissen. Sie wollen sein wie die Großen, das ist ein wichtiger Antrieb für ihre Entwicklung

Erziehung allein genügt nicht

Mütter und Väter sind die wichtigsten Vorbilder für ihre Kinder. Auch heute noch. Das bestätigen immer wieder Untersuchungen wie die Shell-Jugendstudie. Eltern rangieren als Vorbild, Ratgeber, Wegweiser noch weit vor Popgruppen, Schauspielern oder Politikern. Das sind Idole, die vielleicht bewundert werden. Richtige Vorbilder, denen Kinder nacheifern, die sie kopieren, bleiben bis ins Jugendalter Eltern und Großeltern, sofern sie dieser Rolle gerecht werden.

Wer seinem Kind **moralische Werte** mit auf den Weg ins Leben geben will und sich verantwortlich für Menschlichkeit und friedliches Zusammenleben fühlt, muss ihm diese Werte auch vorleben.

Wärme und Geborgenheit sind Voraussetzung

Ein Klima von Wärme und Geborgenheit in der Familie ist Bedingung für eine gelungene Erziehung zu wichtigen Werten. Eltern, die ständig im Clinch miteinander oder mit Verwandten, Schwiegereltern oder Freunden liegen, verunsichern ihre Kinder. Die Kleinen können sich nicht orientieren und leben in der ständigen Angst, ihre Familie könne auseinander brechen. Das ist eine existenzielle Bedrohung für Kinder, denn sie sind auf emotionale Sicherheit und Zuverlässigkeit angewiesen. Sonst können sie sich nicht gesund entwickeln.

Die Interessen, Rechte und Bedürfnisse der Kinder zu achten, kann aber nicht heißen, sie heillos zu verwöhnen und ihnen alles durchgehen zu lassen, sie mit Geschenken zu überhäufen oder alle ihre Forderungen zu erfüllen. Kinder brauchen liebevolle, aber feste Grenzen. Nur dann können sie sich in ihrer Umwelt zurechtfinden.

Eltern haben heute immer weniger Zeit für ihre Kinder. Häufig sind Mutter und Vater berufstätig, nicht selten aus wirtschaftlicher Notwendigkeit. Ihr schlechtes Gewissen versuchen sie dann oft mit übertriebener Großzügigkeit zu beruhigen – sowohl materiell als auch im Umgang miteinander. Oft dürfen sich Kinder den Eltern gegenüber dann einfach zu viel herausnehmen. Sie werden nicht in ihre Schranken verwiesen, weil Mutter oder Vater denken, die wenige Zeit, die sie mit ihrem Nachwuchs verbringen, wollen sie nicht mit Schimpfen vergeuden.

Wichtig ist aber für Kinder, dass die Eltern wirklich auf sie eingehen, sich ihre Sorgen und Nöte anhören und auch bereit sind, Konflikte mit ihnen auszutragen. Dabei kommt es nicht so sehr auf die Anzahl der Stunden an, die sich Eltern für ihre Kinder Zeit nehmen, sondern mehr auf die Intensität, mit der sie sich ihnen widmen.

Die eigene Einstellung überprüfen

Es gilt, sich immer wieder im Umgang mit den eigenen Kindern und anderen Mitmenschen zu kontrollieren. Kinder sind wahre Seismographen für unausgesprochene Ansichten. Sie spüren ganz genau, wenn von ihnen etwas verlangt wird, woran die Eltern sich selbst nicht halten. Sie müssen beispielsweise keinen Streit zwischen Eltern und Großeltern mit angehört haben und merken doch, wenn sich die beiden Generationen nicht vertragen. Man kann nicht von ihnen verlangen, immer lieb und freundlich zur Oma zu sein, wenn die Eltern selbst grob und unwirsch mit ihr umgehen.

Kinder hören aber auch genau zu. Wer beispielsweise nicht will, dass sein Vierjähriger Kraftausdrücke benutzt, sollte selbst keine im Munde führen. Z. B. beim Auto fahren, wo sich viele Erwachsene schlecht beherrschen können, wenn sie sich über andere Verkehrsteilnehmer ärgern.

Kritik richtig dosieren

Gerade bei kleineren Kindern heißt es, Verständnis zu zeigen, wenn nicht alles auf Anhieb klappt. Kinder wollen alles lernen, was Erwachsene können. Und sie wollen alles tun, um ihren Eltern zu gefallen, von ihnen anerkannt und gelobt zu werden. Weil aber alles neu für sie ist, erleben sie zwangsläufig eine Menge Pannen. Am laufenden Band passieren ihnen kleine Malheure. Gelingt es Eltern, dahinter den guten Willen ihres Kindes zu sehen, können sie diesen mit Anerkennung honorieren. Sie machen ihrem Kind damit Mut, es immer wieder zu versuchen, bis es klappt. Das gilt sowohl für praktische Fertigkeiten als auch für moralische Fähigkeiten.

Natürlich heißt das aber nicht, dass man sein Kind für alles, was es tut, kritiklos in den Himmel loben soll. Damit würde es das Gefühl für seine Stärken und Schwächen völlig verlieren und könnte nicht lernen, sich selbst realistisch einzuschätzen. Gibt es jedoch Kritik anzumelden, ist es ganz besonders wichtig, dass immer nur ein Detail kritisiert wird und niemals das ganze Kind.

Auf die eigenen Rechte pochen

Eltern müssen auch eigene Interessen und Bedürfnisse ihrem Kind gegenüber durchsetzen. Sie haben ein Recht auf Ruhe, Zeit für sich selbst, Rücksichtnahme und freundliche Behandlung. Geben sie dieses Recht zugunsten der Bedürfnisse ihres Kindes auf, tun sie diesem damit keinen Gefallen. Denn Kinder sollen ja nicht nur lernen, auf andere Rücksicht zu nehmen. Ebenso wichtig ist es, dass sie lernen, sich durchzusetzen. Das können sie am besten, wenn sie erleben, wie sich ihre Eltern ihnen gegenüber durchsetzen, ohne sie dabei zu verletzen.

Internet-Adressen

www.eltern.de
Das online-Portal der Zeitschrift Eltern mit vielen Infos, Foren und Chat-Möglichkeiten

www.familienhandbuch.de
Ein Online-Handbuch zu Themen der Kindererziehung, Partnerschaft, Familienbildung für Eltern, Erzieher, Lehrer und Wissenschaftler. Herausgeber ist der bekannte Familienforscher Wassilios E. Fthenakis.

www.kinderaerzteimnetz.de
Eine sehr informative Seite, auf der es weit mehr Informationen als nur über Krankheiten gibt. Es geht auch kompetent um Entwicklung und soziale Probleme und es bietet viel weiterführende Links.

www.kinder-stadt.de
Hier finden Eltern viele Infos und Adressen zum Thema Schwangerschaft, Kinder, Freizeit – und das in ihrer Stadt. Außerdem gibt es Foren, in denen sie sich mit anderen Eltern austauschen können.

www.neun-monate.de
Gesundheitsportal der Qualimedic.com AG von Ärzten für Patienten, Ratsuchende und Kollegen. Neben allen Infos zur Schwangerschaft gibt es Foren und Chats für werdende Eltern.

www.rund-ums-baby.de
Online-Magazin mit Expertenforum, Chat-Möglichkeiten und vielen, vielen Infos rund ums Baby.

(Stand Dezember 2004)

Bücher zum Weiterlesen

Delfos, M. (2004): „Sag mir mal …". Gesprächsführung mit Kindern (4 bis 12 Jahre). Beltz & Gelberg
Gezeigt wird, wie man sich mit Kindern unterhält, durch gezielte Fragen ihre Bedürfnisse und Probleme herausfindet. Das hängt vom Alter und dem Entwicklungsstand eines Kindes ab. Es sind Gesprächsmodelle für die verschiedenen Altersstufen aufgebaut. Das Buch richtet sich an Eltern, aber auch an Therapeuten, Juristen, Sozialpädagogen.

Dreikurs, R., Gould, S., Corsini, R. (2003): Familienrat. Der Weg zu einem glücklichen Zusammenleben von Eltern und Kindern. Klett-Cotta
Dieses Handbuch des bekannten Vertreters der Individualpsychologie ist ein Klassiker. Neben der Anleitung für einen demokratischen und harmonischen Austausch in der Familie, geben die Autoren Anregungen, wie Spannungen und Konflikte innerhalb der Familie zu lösen sind. Genaue Anleitungen und viele Alltagsbeispiele.

Dreikurs, R., Soltz, V. (2004): Kinder fordern uns heraus. Wie erziehen wir sie zeitgemäß? 12. Aufl., Klett-Cotta
34 Erziehungsprinzipien stellen die Autoren genervten Eltern und Erziehern zur Verfügung, um besser mit den Kindern klar zu kommen. Sie werden ermutigt, weniger Einfluss auf Kinder und Jugendliche zu nehmen und dafür die Autonomie der Heranwachsenden zu fördern – zur eigenen Erleichterung. Ein Klassiker unter den Erziehungsratgebern.

Dreikurs, R., Blumenthal, E. (2001): Eltern und Kinder – Freunde oder Feinde? 3. Aufl., Klett-Cotta
Auch dieses Buch von Rudolf Dreikurs und Mitarbeitern hilft den Eltern anschaulich, mit Krisensituationen in der Familie klarzukommen, sie nach Möglichkeit gar nicht entstehen zu lassen. Es hilft, in verfahrenen Situationen wieder zur Freundschaft zwischen Eltern und Kindern zurückzufinden.

Furedi, F. (2004): Warum Kinder mutige Eltern brauchen. dtv
Der britische Soziologe nimmt mit seinem Buch Eltern die Angst, in der Erziehung alles falsch zu machen. Er ermuntert sie, mehr auf die eigenen Gefühle zu hören, gelassener zu bleiben und sich auf ihre „natürlichen Fähigkeiten" zu verlassen. Er reagiert damit auf die Verunsicherung der Eltern durch zu viele und manchmal auch falsche Ratgeber.

Grossmann, K., Grossmann, K. E. (2004): Bindungen – das Gefühl psychischer Sicherheit. Klett-Cotta
In den ersten Lebensjahren wird das Fundament für den sozialen Umgang gelegt. Ob wir später vertrauensvolle Partnerschaften eingehen, hängt davon ab, wie sicher wir uns als Säuglinge und Kleinkinder an unsere Eltern gebunden fühlten. Das Ehepaar Grossmann hat 100 Menschen von der Geburt 30 Jahre lang bis heute wissenchaftlich begleitet und beobachtet und die Ergebnisse in diesem Buch zusammengefasst.

Hassenstein, B., Hassenstein, H. (2001): Verhaltensbiologie des Kindes. 5. Aufl., Spektrum Akademischer Verlag
Ein wissenschaftliches Werk über die Entwicklung des Verhaltens von Kindern sowie über Umstände, die zu Verhaltensauffälligkeiten führen können. Das Buch kann Eltern helfen, die Bedürfnisse und die Fähigkeiten ihres Kindes besser zu erkennen und zu verstehen.

Klein, Melanie (2001): Das Seelenleben des Kleinkindes und andere Beiträge zur Psychoanalyse. 7. Aufl., Klett-Cotta
Melanie Klein gehört neben Anna Freud zu den bedeutendsten Forscherinnen auf dem Gebiet der Kinderpsychoanalyse. Dafür hat sie eine spezielle Spieltechnik entwickelt. Das Buch enthält die wichtigsten Arbeiten der Wissenschaftlerin zur Erforschung der Kinderseele.

Largo, R. (2004): Babyjahre. Die frühkindliche Entwicklung aus biologischer Sicht. 11. Aufl., Piper
Der erfahrene und renommierte Schweizer Kinderarzt beschreibt sehr übersichtlich und gut verständlich die kindliche Entwicklung von den vorgeburtlichen Stadien bis zum Ende des zweiten Lebensjahrs. Er geht ausführlich auf die individuellen Entwicklungsunterschiede sowie auf die Bedürfnisse und Fähigkeiten der Kleinen ein. Ein hilfreicher Ratgeber für Eltern.

Largo, R. (2004). Kinderjahre. Die Individualität des Kindes als erzieherische Herausforderung. 9. Aufl., Piper
Das Buch richtet sich an Eltern größerer Kinder, ist sozusagen die Fortsetzung der „Babyjahre" vom gleichen Autor. Eltern erhalten einen guten Einblick über die Sichtweisen ihrer Kinder, die sich entwicklungsbedingt verändern. So werden sie unterstützt, ihrem Kind möglichst viel Freiraum zu schenken, aber auch so viele Grenzen zu setzen, wie es für seine gesunde Entwicklung braucht.

Orvin, G. H. (2000): So richtig in der Pubertät. Was Eltern lassen sollten und was sie tun können. Herder
Hier geht es um viel Verständnis. Sowohl von den Eltern für ihre heranwachsenden Kinder, aber noch mehr für die Eltern selbst. Der Autor ermuntert sie, viel für sich selbst zu tun, ihr eigenes Selbstwertgefühlt zu stärken, denn eine harmonische und liebevolle Atmosphäre in der Familie hilft den Pubertierenden, mit den eigenen Problemen besser zurecht zu kommen. Schließlich wird den Eltern geraten, ihre Kinder selbständig werden zu lassen. ihre Grenzen zu akzeptieren, selbst die Grenze vom Elternsein zum Kind nicht zu überschreiten. Ein wertvoller Ratgeber für eine schwierige Zeit.

Leseprobe aus: Karl E. Dambach, Mobbing in der Schulklasse
Band 15. 2., überarb. und erw. Aufl. 2002. 115 S. (3-497-01588-1) kt

Warum sozialer Mut so wichtig ist

> Maximilian, sieben Jahre alt, erzählt seiner Mutter gern, wie er
> seine Mitschülerin Melanie vor den brutalen Jungen aus der
> 4. Klasse schützt oder wie er seinen jüngeren Bruder aus dem
> brennenden Haus rettet. Währenddessen stehen die Feuer-
> wehrleute vor dem Haus und wagen es nicht, näher an die Flam-
> men heranzutreten.

Sorgen bereiten der Mutter nicht die Fantasien ihres Kindes,
sondern das, was der Klassenlehrer ihr über Max berichtet: Ihr
Sohn sei in der Schule außerordentlich ängstlich und habe noch
nicht einmal gewagt, Hilfe zu holen, als ein Mitschüler auf dem
Pausenhof auf ein anderes Kind einschlug.

Die Fantasien von Max sind kein Einzelfall. Nicht nur er
möchte gut und mutig sein. Die meisten Menschen identifizie-
ren sich gern mit den Helden, die uns z. B. im Fernsehen begegnen; mit Helden, die sich ohne Furcht vor Nachteilen auf die
Seite der Gerechtigkeit stellen. In der Praxis sieht das meist an-
ders aus. Beherzt einzugreifen, wenn die Jungen der vierten
Klasse Mitschülern Schläge androhen, ist gar nicht so leicht.
Auch hier ist Max kein Einzelfall. Kinder und Jugendliche ha-
ben Angst einzugreifen oder Hilfe zu holen, weil sie z. B. be-
fürchten, das nächste Opfer der groben Mitschüler zu werden.
Auch Erwachsene lassen den so wichtigen Mut in alltäglichen
Situationen nicht selten vermissen. So hören wir wiederholt die
Klage von Politikern und lesen in den Zeitungen, es fehle der
Bevölkerung an Zivilcourage.

Diese Diskrepanz zwischen moralischen Idealen und dem
Mangel an Mut und Engagement im Alltag verfestigt sich – das

ist unsere Überzeugung –, wenn Zivilcourage oder sozialer Mut nicht schon in der Kindheit gelernt und geübt wurden. Kinder müssen lernen, ihre Meinung zu vertreten, und es ertragen können, wenn sie damit nicht immer auf die Zustimmung von anderen stoßen. Auch wenn sich Kinder und Jugendliche stark an der jeweiligen Mehrheit in der Peergroup orientieren, bis zur Selbstverleugnung und zum Verrat an den eigenen Idealen sollte sich diese Orientierung nicht ausweiten. Lehrer und Eltern können dagegen angehen – auch wenn aus den Grundschulkindern schon Jugendliche geworden sind.

Da Kinder und Jugendliche bei ihrer Entwicklung aus der Abhängigkeit von den Eltern hin zur Selbstständigkeit sehr auf die Anerkennung der Gleichaltrigen angewiesen sind, fällt es ihnen besonders schwer, ihre Meinung zu vertreten, wenn die Gefahr der Isolation droht. Deshalb wollen wir hier unseren Schwerpunkt setzen: Sich gegen nicht hinnehmbares Verhalten der eigenen Gruppe zu engagieren. Das ist schwer und erfordert Mut vom Einzelnen.

Der Begriff Zivilcourage ist natürlich umfassender, als er hier verwendet wird. Zivilcourage bedeutet auch, Widerstand gegen inhumane Autoritäten und Machtstrukturen zu leisten. Es erscheint uns aber pädagogisch sinnvoll, sich auf das soziale Verhalten in Gruppen zu beschränken und den Schülerinnen und Schülern hier eine Einstellungs- und Verhaltensänderung in Richtung Zivilcourage zu ermöglichen. Wir hoffen auch auf Transfer: Wer gelernt hat, den Mut aufzubringen, sich gegenüber einer Gruppe standhaft zu zeigen, der wird vielleicht auch gegenüber ungerechten Autoritätspersonen seine Meinung vertreten.

Das Zuschauen und Nicht-Eingreifen, wenn eine andere Person ausgegrenzt oder bedroht wird, hat natürlich Gründe. Dahinter kann sich verbergen, dass man

- Angst hat, sich einen Konflikt auszusetzen,
- bequem ist und sich die Mühe eines engagierten Auftretens „ersparen" möchte,

- keine Verantwortung übernehmen möchte („Sollen doch die anderen …"),
- sich nicht in die Betroffenen einfühlen kann.

Kaum jemand mag zugeben, dass er Angst hat, keine Verantwortung übernehmen möchte. Spricht man die Menschen an, warum sie eine angegriffene Person nicht unterstützen, werden andere Gründe angeführt: „Das hab' ich nicht mitgekriegt", „Ich fühlte mich gerade nicht gut", „Ich empfand die Situation nicht als bedrohend".

Wenn unbeteiligte Personen Zeugen einer Diskriminierung werden und schweigen, bedeutet das, dass sie diese Form von Gewalt tolerieren und akzeptieren – und damit sind sie nicht mehr unbeteiligt, sondern passiv unterstützend. Wenn z. B. jemand in meiner Gegenwart zu einem Anwesenden oder über einen Abwesenden etwas Diskriminierendes sagt und ich mich sofort scharf dagegen wende, wird meine Gegenreaktion den Angreifer eher beeindrucken und die Umstehenden können leichter zur Solidarisierung gegen ihn aufgerufen werden, als wenn ich nicht handele. Auch auf die Zuschauenden, die mit der Diskriminierung nicht einverstanden waren und es nicht wagten, gegen den Aggressor aufzutreten, hat mein Schweigen einen ungünstigen Einfluss. Sie wurden in ihrer Überzeugung bestärkt, dass es keine breite Unterstützung für ein Opfer gibt und es grundsätzlich besser ist, den Mund zu halten, um nicht selbst in eine solch unerfreuliche Lage zu geraten.

Der Mut, für andere einzutreten, ist nicht nur eine Forderung der Gesellschaft, sondern er dient auch der gesunden persönlichen Entwicklung. Denn wer es nicht wagt, in einer diskriminierenden Situation einzugreifen, obwohl es sein Gewissen von ihm verlangt, gerät in einen Zwiespalt mit sich selbst. Sein Selbstwertgefühl und sein Selbstvertrauen werden gemindert.

Die Erkenntnis, dass in der Kindheit und Jugend das Lernen leichter fällt als in späteren Jahren, ist allgemein anerkannt. Sie wird jedoch überwiegend im kognitiven (z. B. Mathematik, Fremdsprachen) oder psychomotorischen Bereich (z. B. Klavier spielen) beachtet. Der große Bereich der Werte, Einstellun-

Sylvia Weber
Linkshändige Kinder richtig fördern

Mit vielen praktischen Tipps
(»Kinder sind Kinder«; 23)
2., durchges. Auflage 2005. ca. 120 Seiten.
Zahlr. Abb. (3-497-01729-9) kt

Sylvia Weber gibt hilfreiche Tipps, wie
man die natürliche Bevorzugung der
linken Hand sinnvoll unterstützen kann.
Mit zahlreichen Abbildungen ist dieses
Buch ein wertvoller Begleiter für Familien und alle, die im Alltag mit linkshändigen Kindern zu tun haben.

Walburga Brügge
Katharina Mohs | Erwin Richter
So lernen Kinder sprechen

Die normale und die gestörte
Sprachentwicklung
(»Kinder sind Kinder«; 9)
Mit Fotos von Astrid Zill
5., neugestalt. Auflage 2005. ca. 103 Seiten
(3-497-01737-X) kt

Dieses Buch gibt Eltern und Erzieher
Innen einen Überblick über den Verlauf
der normalen Sprachentwicklung. Mög-
liche Störungen werden aufgezeigt und erklärt. Die Autor
Innen geben zahlreiche Anregungen, wie Eltern ihr Kind unterstützen und wie sie fachliche Beratung finden können.

 reinhardt
www.reinhardt-verlag.de

Franz J. Mönks
Irene H. Ypenburg
Unser Kind ist hochbegabt

Ein Leitfaden für Eltern und Lehrer
(»Kinder sind Kinder«; 14)
4., aktual. Auflage 2005. ca. 89 Seiten.
(3-497-01766-3) kt

Ist Hochbegabung schon im frühen Kindesalter zu erkennen? Sind hochbegabte Kinder problematisch? Wie können Erziehungs- und Schulprobleme vermieden werden? Diese und andere Fragen beantwortet dieses informative Taschenbuch.

Hermann Liebenow
Konsequenz – Eltern lernen, was Kinder brauchen

Mit Zeichnungen von Manfred Bofinger
(»Kinder sind Kinder«; 26)
2., überar. und erw. Auflage 2004.
151 Seiten. (3-497-01701-9) kt

Der erfahrene Erziehungsberater Hermann Liebenow schildert alltagspraktisch, wie schon Babys Aufmerksamkeit entwickeln und Kleinkinder Weisungen beachten lernen, wie Kindergarten- und Schulkinder Regeln lernen. Eine praktische und fundierte Hilfe für den konsequenten Umgang in der Familie.

 **reinhardt**
www.reinhardt-verlag.de

Vassilia Triarchi-Herrmann
Mehrsprachige Erziehung

Wie Sie Ihr Kind fördern
Mit einem Vorwort von W. E. Fthenakis
(»Kinder sind Kinder«; 25)
2003. 135 Seiten. 8 Abb. (3-497-01671-3) kt

Vassilia Triarchi-Herrmann – die aus ihrem reichen Erfahrungsschatz als Sprachtherapeutin und als Mutter eines zweisprachig aufwachsenden Kindes schöpft – macht den Leser mit der Zweisprachigkeit vertraut und erläutert grundlegende Begriffe. Erklärungsansätze zur Entwicklung zweisprachiger Kinder werden anschaulich dargestellt.

Johann R. Krauss
Der Abenteuerspielplatz

Planung, Gründung und
pädagogische Arbeit
(»Kinder sind Kinder«; 24)
2003. 131 Seiten. Zahlr. Fotos und Tab.
(3-497-01652-7) kt

Johann R. Krauss schöpft aus seiner jahrelangen Erfahrung auf dem Abenteuerspielplatz und hat in diesem Buch viele zentrale Fragen beantwortet, die sich bei der Planung eines Abenteuerspielplatzes stellen. Entstanden ist ein informativer Ratgeber, der in die Tasche eines jeden Erlebnispädagogen gehört.

 reinhardt
www.reinhardt-verlag.de

Sylvia Görnert-Stuckmann
Mit Kindern Geschichten erfinden

(»Kinder sind Kinder«; 22)
2003. 123 Seiten. 8 Kinderzeichnungen
(3-497-01644-6) kt

Sylvia Görnert-Stuckmann erklärt, warum Geschichten für die gesunde Entwicklung des Kindes, aber auch zur Lösung von Konflikten wichtig sind.
Nutzen Sie die Beispiele und Geschichten in diesem Buch für Ihren Alltag und zur spielerischen Förderung Ihres Kindes. Sie werden sehen – nicht nur die Kinder haben Spaß dabei.

Joachim Rumpf
Schreien, schlagen, zerstören

Mit aggressiven Kindern umgehen
(»Kinder sind Kinder«; 21)
2002. 120 Seiten. (3-497-01629-2) kt

Wenn Kinder ungewohnt aggressiv handeln, fühlen sich die Eltern oft hilflos. Soll ich das Verhalten meines Kindes ignorieren? Wie soll ich vorgehen? Was wird morgen sein, wenn ich heute nachgebe? Joachim Rumpf beantwortet diese Fragen und veranschaulicht anhand von zahlreichen Fallbeispielen, wie Eltern auch schwierige Situationen in der Familie meistern können.

ℰℛ reinhardt
www.reinhardt-verlag.de

Buchreihe »Kinder sind Kinder«

ℰⱴ **reinhardt**
www.reinhardt-verlag.de

Hartmut Kasten
Geschwister

Vorbilder – Rivalen – Vertraute
5. Auflage 2003. 192 Seiten. 15 Abb.
(3-497-01656-X) kt

Fast jeder kennt sie: Geschwister als innige Vertraute und Geschwister als lebenslange Rivalen. Ob erfolgreicher oder entthronter Erstgeborener, ob vernachlässigter Zweitgeborener oder bevorzugtes Nesthäkchen – die Beziehung zwischen den Geschwistern beeinflusst zwangsläufig Lebensweg und Persönlichkeitsfindung.

Die Geschwisterforschung hat interessante Sachverhalte herausgefunden. Der Platz in der Geschwisterreihenfolge, das Geschlecht und der Altersabstand sind wichtige Faktoren für die Entwicklung sozialer Fähigkeiten und der Intelligenz.

Der Entwicklungspsychologe und Pädagoge Hartmut Kasten beleuchtet dieses Thema in seiner ganzen Vielfalt und den Veränderungen, von der frühen Kindheit angefangen bis ins Alter. Das Buch ist allen zu empfehlen, die selbst Geschwister haben bzw. mit der Erziehung von Kindern betraut sind und Geschwisterkonstellationen besser verstehen möchten.

ℰⱽ reinhardt
www.reinhardt-verlag.de

Hartmut Kasten
Pubertät und Adoleszenz

Wie Kinder heute erwachsen werden
1999. 224 Seiten. 4 Abb. 10 Tab. 12 Fotos. (3-497-01485-0) kt

„Kleine Kinder, kleine Sorgen – große Kinder, große Sorgen!"
So trösten sich viele Eltern, wenn sich mit der Pubertät die
Sorgen um die Kinder verschärfen.
Der Psychologe und Pädagoge Hartmut Kasten geht in seinem Buch den vielfältigen Ursachen nach, die die Entwicklungsphase der Pubertät so schwierig machen können. Die
körperlichen und seelischen Veränderungen bringen nicht
wenige Jugendliche aus dem Gleichgewicht. Die Beziehung
zu den Eltern wird neu definiert und eröffnet einen Spiel-
raum für eigene Erfahrungen, die Erprobung von Verantwortung und erster Selbständigkeit. Die Jugendlichen sehen sich
vor oft quälende Entscheidungen gestellt: Ausbildung und
Beruf, Freundschaften und erste Liebe – zwischen Rückzug
und Protest spielt sich die ganze Bandbreite jugendlicher
Nöte und Sehnsüchte ab.

 reinhardt
www.reinhardt-verlag.de